T0146795

VEN A BUSCARNOS, SEÑOR

PEDRO HÉCTOR RODRÍGUEZ

Número de Control de la Biblioteca del Congreso de EE. UU.:   2019903764
ISBN: Tapa Dura   978-1-5065-2863-2
                 Tapa Blanda   978-1-5065-2862-5
                 Libro Electrónico   978-1-5065-2861-8

Información de la imprenta disponible en la última página.

Fecha de revisión: 30/03/2019

Para realizar pedidos de este libro, contacte con:
Palibrio
1663 Liberty Drive, Suite 200
Bloomington, IN 47403
Gratis desde EE. UU. al 877.407.5847
Gratis desde México al 01.800.288.2243
Gratis desde España al 900.866.949
Desde otro país al +1.812.671.9757
Fax: 01.812.355.1576
ventas@palibrio.com
791197

ÍNDICE

Introducción v

Capítulo 1   La promesa de su regreso 1

Capítulo 2   La descripción de su regreso 4

Capítulo 3   Las señales que anuncian su regreso 14

Capítulo 4   La tarea que Jesús dejó a sus discípulos 18

Capítulo 5   La cercanía del regreso de Jesús 34

Capítulo 6   La necesidad de perseverar 45

Capítulo 7   La necesidad de estar siempre listos 49

Capítulo 8   El juicio investigador 66

Capítulo 9   La gran persecución final 69

Capítulo 10   El milenio y la Tierra Nueva 75

Capítulo 11   La urgencia del llamado 85

Capítulo 12   El anhelo por su regreso 95

Introducción

Amados lectores:

Cuando la raza humana, recién creada, cayó en pecado; Dios puso un plan de amor en acción para restaurarla. La pesona divina a la cual la Palabra de Dios llama "El Verbo" (o "La Palabra"), se haría carne para venir a este mundo como un ser humano. Este ser divino-humano es conocido como Jesús, el Cristo, el Hijo de Dios.

Su misión consistiría en restaurar a la raza caída. Por su sacrificio, su justicia perfecta acreditada a favor de los pecadores arrepentidos, y la obra del Espíritu Santo en los corazones; los seres humanos arrepentidos somos perdonados y restaurados a la imagen de Dios, para vivir eternamente sin pecado.

El regreso de Jesús en gloria y majestad es el evento que libra a los creyentes de la muerte y el sufrimiento causados por el pecado. Es el inicio de la vida inmortal junto a Dios.

Este libro combina las promesas de Dios con poemas que he escrito para animar a los creyentes, y llamar a los que todavía no han creído para vida eterna.

Anhelo que muchos escuchen el llamado, y respondan positivamente; para pronto, con indescriptible gozo, recibir a Jesús que desciende en gloria y majestad a llevarnos a vivir con él eternamente.

Un abrazo a todos.

Pedro Héctor Rodríguez

"El que da testimonio de estas cosas dice: Ciertamente vengo en breve.
Amén; sí, ven, Señor Jesús." Apocalipsis 22:20

Capítulo 1
La promesa de su regreso

Jesús prometió regresar a buscar a sus seguidores para llevarlos a la casa de su Padre y estar con ellos.

Juan 14:1-3
[1] No se turbe vuestro corazón; creéis en Dios, creed también en mí. [2] En la casa de mi Padre muchas moradas hay; si así no fuera, yo os lo hubiera dicho; voy, pues, a preparar lugar para vosotros. [3] Y si me fuere y os preparare lugar, vendré otra vez, y os tomaré a mí mismo, para que donde yo estoy, vosotros también estéis.

Cristo vuelve
Cristo vuelve, ¡Qué alegría!
Salta el pecho de emoción
No sabemos hora y día,
pero volverá el Señor

Vuelve a buscar a su pueblo
que lo espera con certeza,
porque ve claras señales
que aseguran que él regresa

Cristo vuelve, despertemos
el celo que está dormido
Anunciemos su Evangelio
a pecadores perdidos

El vuelve para llevarnos
a estar con él para siempre
Aprovechemos el tiempo
para alcanzar a más gente

Cristo Vuelve; reflejemos
su carácter amoroso
Al mundo triste y doliente
llevemos alivio y gozo

Hablemos a todo el mundo
Que nadie sin oír quede
Cristo nos manda a sembrar
A cosechar pronto él vuelve

Cristo ya vino una vez
Dio su vida por la gente
Vamos a anunciarlo a todos:
¡Cristo salva, Cristo vuelve!

La esperanza que purifica

Mundo cubierto de sombras, corazones desgarrados
Almas errantes y tristes, prisioneras del pecado
Escuchad esta promesa que un día hiciera el Señor:
"En la casa de mi Padre, allá en el reino de amor,
donde moradas hay muchas, lugar les prepararé
Quiero que estén a mi lado, por eso vendré otra vez"

Es la más dulce promesa que jamás se haya escuchado
El más hermoso mensaje que jamás se ha proclamado
Del drama de las edades, será éste el acto crucial
Cristo viniendo en las nubes con su escolta angelical,
a recoger la cosecha de las almas redimidas
por su sangre generosa, sobre aquella cruz vertida

Ya este mundo envejecido da las señales del fin
Ya la tierra se estremece de un confín a otro confín
Los hombres se hacen la guerra, sembrando ruina y horror
Hay opresión y maldad, y se ha enfriado el amor
La angustia seca a los hombres, lacerando el corazón,
y se anuncia el Evangelio a toda tribu y nación

Y aquel Varón de Dolores, angustiado y afligido,
aquel que fuera azotado, vejado y escarnecido
regresa ahora glorioso, a poner punto final
a tanta muerte y pecado, a desterrar tanto mal
Viene para abrir las tumbas y otorgar eterna vida
Viene a llevar a sus hijos hacia la Patria querida

Amigo triste y errante, prisionero del pecado,
no tienes que perecer por tu transgresión manchado
Cristo se ofreció por ti, Cristo te puede librar

La sangre de Jesucristo puede tus manchas borrar
Hay para ti una esperanza que puede purificarte
Es la feliz esperanza de que volverá a buscarte

Prepárate a recibirlo, porque muy pronto será
Las señales que él dejó están cumpliéndose ya
El Señor te está llamando, no tardes tu decisión
Arrepiéntete ahora mismo, y habrá para ti perdón
Y cuando él se manifieste, en el gran día final,
será tuya para siempre la hermosa Patria Inmortal

Capítulo 2
La descripción de su regreso

El regreso de Cristo será visible como el relámpago. La palabra griega "Parousía" se usa en muchos pasajes del Nuevo Testamento para describir el regreso de Jesús a la Tierra en gloria y majestad. Los griegos de los tiempos del Nuevo Testamento la usaban para describir la presencia *visible* de personas que llegaban a un lugar.

Vendrá acompañado de sus ángeles.

Su regreso será audible con sonido de trompeta.

A su regreso, los muertos en Cristo son resucitados incorruptibles. Los fieles vivos son transformados en incorruptibles, y estos dos grupos son levantados para recibir a Cristo en el aire, para estar con él para siempre.

Los no salvados reaccionarán con horror y tratarán de esconderse, pero serán muertos.

Mateo 24:24-27
24 Porque se levantarán falsos Cristos, y falsos profetas, y harán grandes señales y prodigios, de tal manera que engañarán, si fuere posible, aun a los escogidos.
25 Ya os lo he dicho antes.
26 Así que, si os dijeren: Mirad, está en el desierto, no salgáis; o mirad, está en los aposentos, no lo creáis.
27 Porque como el relámpago que sale del oriente y se muestra hasta el occidente, así será también la venida del Hijo del Hombre.

Mateo 24:31
Y enviará sus ángeles con gran voz de trompeta, y juntarán a sus escogidos, de los cuatro vientos, desde un extremo del cielo hasta el otro.

1 Tesalonicenses 4:16-18
16 Porque el Señor mismo con voz de mando, con voz de arcángel, y con trompeta de Dios, descenderá del cielo; y los muertos en Cristo resucitarán primero.

[17] Luego nosotros los que vivimos, los que hayamos quedado, seremos arrebatados juntamente con ellos en las nubes para recibir al Señor en el aire, y así estaremos siempre con el Señor.
[18] Por tanto, alentaos los unos a los otros con estas palabras.

1 Corintios 15:12-23
[12] Pero si se predica de Cristo que resucitó de los muertos, ¿cómo dicen algunos entre vosotros que no hay resurrección de muertos?
[13] Porque si no hay resurrección de muertos, tampoco Cristo resucitó.
[14] Y si Cristo no resucitó, vana es entonces nuestra predicación, vana es también vuestra fe.
[15] Y somos hallados falsos testigos de Dios; porque hemos testificado de Dios que él resucitó a Cristo, al cual no resucitó, si en verdad los muertos no resucitan.
[16] Porque si los muertos no resucitan, tampoco Cristo resucitó;
[17] y si Cristo no resucitó, vuestra fe es vana; aún estáis en vuestros pecados.
[18] Entonces también los que durmieron en Cristo perecieron.
[19] Si en esta vida solamente esperamos en Cristo, somos los más dignos de conmiseración de todos los hombres.
[20] Mas ahora Cristo ha resucitado de los muertos; primicias de los que durmieron es hecho.
[21] Porque por cuanto la muerte entró por un hombre, también por un hombre la resurrección de los muertos.
[22] Porque así como en Adán todos mueren, también en Cristo todos serán vivificados.
[23] Pero cada uno en su debido orden: Cristo, las primicias; luego los que son de Cristo, en su venida.

1 Corintios 15:50-55
[50] Pero esto digo, hermanos: que la carne y la sangre no pueden heredar el reino de Dios, ni la corrupción hereda la incorrupción.
[51] He aquí, os digo un misterio: No todos dormiremos; pero todos seremos transformados,
[52] en un momento, en un abrir y cerrar de ojos, a la final trompeta; porque se tocará la trompeta, y los muertos serán resucitados incorruptibles, y nosotros seremos transformados.
[53] Porque es necesario que esto corruptible se vista de incorrupción, y esto mortal se vista de inmortalidad.
[54] Y cuando esto corruptible se haya vestido de incorrupción, y esto mortal se haya vestido de inmortalidad, entonces se cumplirá la palabra que está escrita: Sorbida es la muerte en victoria.

5

[55] ¿Dónde está, oh muerte, tu aguijón? ¿Dónde, oh sepulcro, tu victoria?

Apocalipsis 6:12-17
[12] Miré cuando abrió el sexto sello, y he aquí hubo un gran terremoto; y el sol se puso negro como tela de cilicio, y la luna se volvió toda como sangre;
[13] y las estrellas del cielo cayeron sobre la tierra, como la higuera deja caer sus higos cuando es sacudida por un fuerte viento.
[14] Y el cielo se desvaneció como un pergamino que se enrolla; y todo monte y toda isla se removió de su lugar.
[15] Y los reyes de la tierra, y los grandes, los ricos, los capitanes, los poderosos, y todo siervo y todo libre, se escondieron en las cuevas y entre las peñas de los montes;
[16] y decían a los montes y a las peñas: Caed sobre nosotros, y escondednos del rostro de aquel que está sentado sobre el trono, y de la ira del Cordero;
[17] porque el gran día de su ira ha llegado; ¿y quién podrá sostenerse en pie?

Mateo 25:31-32
[31] Cuando el Hijo del Hombre venga en su gloria, y todos los santos ángeles con él, entonces se sentará en su trono de gloria,
[32] y serán reunidas delante de él todas las naciones; y apartará los unos de los otros, como aparta el pastor las ovejas de los cabritos.

Apocalipsis 19:11-21
[11] Entonces vi el cielo abierto; y he aquí un caballo blanco, y el que lo montaba se llamaba Fiel y Verdadero, y con justicia juzga y pelea.
[12] Sus ojos eran como llama de fuego, y había en su cabeza muchas diademas; y tenía un nombre escrito que ninguno conocía sino él mismo.
[13] Estaba vestido de una ropa teñida en sangre; y su nombre es: EL VERBO DE DIOS.
[14] Y los ejércitos celestiales, vestidos de lino finísimo, blanco y limpio, le seguían en caballos blancos.
[15] De su boca sale una espada aguda, para herir con ella a las naciones, y él las regirá con vara de hierro; y él pisa el lagar del vino del furor y de la ira del Dios Todopoderoso.
[16] Y en su vestidura y en su muslo tiene escrito este nombre: REY DE REYES Y SEÑOR DE SEÑORES.

¹⁷ Y vi a un ángel que estaba en pie en el sol, y clamó a gran voz, diciendo a todas las aves que vuelan en medio del cielo: Venid, y congregaos a la gran cena de Dios,
¹⁸ para que comáis carnes de reyes y de capitanes, y carnes de fuertes, carnes de caballos y de sus jinetes, y carnes de todos, libres y esclavos, pequeños y grandes.
¹⁹ Y vi a la bestia, a los reyes de la tierra y a sus ejércitos, reunidos para guerrear contra el que montaba el caballo, y contra su ejército.
²⁰ Y la bestia fue apresada, y con ella el falso profeta que había hecho delante de ella las señales con las cuales había engañado a los que recibieron la marca de la bestia, y habían adorado su imagen. Estos dos fueron lanzados vivos dentro de un lago de fuego que arde con azufre.
²¹ Y los demás fueron muertos con la espada que salía de la boca del que montaba el caballo, y todas las aves se saciaron de las carnes de ellos.

Gloriosa parousía
Hace siglos que esperamos,
pero ya se acerca el día
Pronto veremos a Cristo
en gloriosa parousía (1)

Parousía, su presencia,
su gloriosa aparición,
para llevar a sus hijos
a la celestial mansión

Parousía, la promesa
que tanto hemos esperado
Pronto será realidad
la aparición del amado

Viene rodeado de ángeles
en gloriosa parousía
Hay horror en los impíos;
en sus hijos, alegría

"Este es nuestro Dios", diremos
"a él hemos esperado"
Es Jehová; nos gozaremos
La salvación nos ha dado (2)

Ha de desterrar la muerte,
la enfermedad y el dolor
Ha de inaugurar un reino
donde reinará el vigor

Destruirá la maldad,
el abuso y la injusticia
Ha de inaugurar un reino
donde habrá eterna justicia

Ha de poner fin al odio,
la venganza y el rencor
Ha de inaugurar un reino
donde reinará el amor

Hace siglos que esperamos,
pero ya se acerca el día
Pronto veremos a Cristo
en gloriosa parousía

(1) Parousía. Palabra griega que se usa en muchos pasajes
del Nuevo Testamento para describir el regreso de Jesús a la
Tierra en gloria y majestad. Los griegos de los tiempos del Nuevo
Testamento la usaban para describir la presencia *visible* de
personas que llegaban a un lugar.

(2) Paráfrasis de Isaías 25:9

Inmortalidad
¡Vivir, corto privilegio
de los frágiles mortales!
¡Si la vida fuera eterna
y nosotros inmortales!

Qué triste pensar que un día,
más cercano que lejano,
se cerrarán nuestros ojos,
se entiesarán nuestras manos

Es triste, no cabe duda;
por eso muchos deciden

divertirse cuanto puedan
y en busca del placer viven

Otros deambulan errantes,
sin un blanco definido,
sobreviven como pueden;
sin metas, sin objetivos

A otros les toca vivir
calamidad y pobreza
son sus vidas pesadillas
de abrumadoras tinieblas

Otros luchan por tener
prosperidad material
Para ellos y sus familias
buscan la comodidad,
lo cual es noble y es bueno;
mas si es la meta final,
es un blanco que no alcanza
de Dios el alto ideal

Mas todo lo bueno o malo
de nuestra vida presente
es temporal, pasajero
Nada de aquí es para siempre

Qué bueno que hay esperanza
para los que al cielo miran
Aunque aquí reina la muerte,
del cielo bajó la vida

Cristo trajo vida eterna
a todos los que en él creen
Quien a Cristo abre la puerta,
la vida eterna posee

¡Vivir, corto privilegio
de los frágiles mortales!,
¡mas Cristo puede cambiarnos
de mortales a inmortales!

¿Cuándo? Muy pronto será
El día de su regreso
cuando en gloria y majestad,
venga en las nubes del cielo

Entre tanto, cada día,
abrámosle el corazón
El entra y quita el pecado,
El es vida y salvación

Aún si la fea muerte,
nos encadena en su celda
El día en que Cristo venga
su celda destruirá,
y romperá sus cadenas

De ese día venturoso,
se acerca la claridad
¡Regresa, Cristo bendito!
¡Tráenos la dicha eterna!
¡Danos la inmortalidad!

<u>Unos de fiesta, otros lamentan</u>
Vuelve Jesús, rodeado de ángeles,
con el clarín de la trompeta
Al ver su rostro resplandeciente,
algunos ríen y están de fiesta

Vuelve Jesús, rodeado de ángeles,
con el clarín de la trompeta
Al ver su rostro resplandeciente,
algunos gimen y se lamentan

Unos de fiesta, otros lamentan
El mismo evento, dos reacciones
¿A qué se debe la diferencia?

La diferencia la determina
cada persona con su actitud,
ante el llamado que a cada puerta,
con tierno amor, hace Jesús

Quien al llamado, abre su puerta,
y alberga a Cristo en su corazón;
con él recibe la vida eterna

Quien al llamado, no abre su puerta,
y no entra Cristo en su corazón;
sin él no tiene la vida eterna

¿Tan simple es? Así de simple:
Cristo te llama, abres tu puerta;
él entra y vive su vida en ti
Con él disfrutas ya vida eterna
Y cuando él vuelva, rodeado de ángeles,
con el clarín de la trompeta;
al ver su rostro, feliz reirás,
e irás con él a eterna fiesta

Escenas futuras
Devorando distancias, sobre blancos corceles,
vienen volando ángeles al rescate de fieles

Al frente de su ejército, cabalga el Rey Jesús
La noche torna en día con su gloriosa luz

Las huestes opresoras -el Diablo y sus agentes-
apresan y persiguen a los fieles creyentes

Son las horas finales del reino del pecado
La tierra es cual un horno que el odio ha calentado

Pero Jesús desciende, y tiemblan los malvados
Imploran a los montes ser de Cristo ocultados

La escena es imponente: Los malos aterrados
Los justos con sus brazos en alto levantados

Los sepulcros se abren, y hay resucitados
Son los muertos en Cristo, por su voz despertados

Los dos grupos de justos, con cuerpos transformados,
ascienden a encontrar al Salvador amado

Y los escolta al cielo la hueste angelical,
para encontrar al Padre en la patria eternal

Son escenas futuras que Dios ha revelado
Jesús viene a buscar a su hijos salvados

Son escenas futuras que pronto viviremos
Hoy nos llama el Señor a que nos alistemos

Oh, Señor, danos hoy santa consagración,
para vencer del mundo la fatal atracción

Así aunque el enemigo con saña nos acose,
no tendrá ningún arma que nuestra fe destroce

Danos el santo fuego, llénanos de tu amor
Danos el Santo Espíritu, llénanos de fervor

Para dar el mensaje a toda criatura,
con vidas transformadas, con celo y con premura
Pronto se harán presentes las escenas futuras

Epitafios

Me gustan los epitafios con mensajes positivos
Son como gotas de miel para endulzar a los vivos

El epitafio de Séneca en Jesús me hace pensar:
"Es más digno el aprender a perecer que a matar" (1)

"Quiero ser un buen recuerdo" (2). Esta bella despedida
me inspira a dejar un rastro agradable en esta vida

Son epitafios así, bellos regalos de amor
que dejaron los ya ausentes, y nos llenan de dulzor

Pero el mejor epitafio, el de más dulce sabor,
es el que fue pronunciado acerca del Salvador

Allá en su tumba vacía, de mujeres sollozantes,
tornó la horrible tristeza en alegría radiante

Donde había estado el cuerpo de Jesús crucificado,
dijo el ángel: "No está aquí porque ha resucitado"

Y los coros celestiales que, tristes, habían callado,
proclamaron: "No está aquí porque ha resucitado"

Cuando Cristo al fin regrese en su deslumbrante gloria,
tendrán los que en él murieron su epitafio de victoria

Frente a cada tumba abierta de los que Cristo ha salvado,
dirá un ángel: "No está aquí porque ha resucitado"

Yo quiero que en aquel día, un ángel emocionado,
diga de mi, "No está aquí porque ha resucitado"

Por eso, me entrego a Cristo, mi amigo resucitado
Su epitafio será el mío, y estaré siempre a su lado

Y tú, ábrele a Jesús, que hoy a tu puerta está
Si mueres, cuando él regrese, a vida te llamará

Y frente a tu tumba abierta, un ángel emocionado
proclamará: "No está aquí porque ha resucitado"

(1) "Es más digno que los hombres aprendan a morir que a matar"
Epitafio de Séneca.
(2) "Yo no pido más, quiero ser un buen recuerdo alguna vez"
Epitafio de Hugo Chaparro Valderrama.

Capítulo 3
Las señales que anuncian su regreso

Jesús habló de varias señales que servirían de anuncio y certeza del cumplimiento de su promesa de regresar.

Algunas de esas señales son apariciones de falsos Cristos y falsos profetas; guerras y rumores de guerras; epidemias, hambrunas, terromotos, persecuciones y muerte a sus seguidores; luchas internas y traiciones entre sus seguidores, y la multiplicación de la maldad.

La única señal que marcaría el inmediato regreso de Jesús sería la predicación del Evangelio -las buenas noticias de la salvación- en todo el mundo.

Mateo 24:1-14
[1]Cuando Jesús salió del templo y se iba, se acercaron sus discípulos para mostrarle los edificios del templo.
[2] Respondiendo él, les dijo: ¿Veis todo esto? De cierto os digo, que no quedará aquí piedra sobre piedra, que no sea derribada.
[3]Y estando él sentado en el monte de los Olivos, los discípulos se le acercaron aparte, diciendo: Dinos, ¿cuándo serán estas cosas, y qué señal habrá de tu venida, y del fin del siglo?
[4] Respondiendo Jesús, les dijo: Mirad que nadie os engañe.
[5]Porque vendrán muchos en mi nombre, diciendo: Yo soy el Cristo; y a muchos engañarán.
[6] Y oiréis de guerras y rumores de guerras; mirad que no os turbéis, porque es necesario que todo esto acontezca; pero aún no es el fin.
[7] Porque se levantará nación contra nación, y reino contra reino; y habrá pestes, y hambres, y terremotos en diferentes lugares.
[8] Y todo esto será principio de dolores.
[9] Entonces os entregarán a tribulación, y os matarán, y seréis aborrecidos de todas las gentes por causa de mi nombre.
[10] Muchos tropezarán entonces, y se entregarán unos a otros, y unos a otros se aborrecerán.
[11] Y muchos falsos profetas se levantarán, y engañarán a muchos;
[12] y por haberse multiplicado la maldad, el amor de muchos se enfriará.
[13] Mas el que persevere hasta el fin, éste será salvo.

[14] Y será predicado este evangelio del reino en todo el mundo, para testimonio a todas las naciones; y entonces vendrá el fin.

Lucas 21:25-28
[25] Entonces habrá señales en el sol, en la luna y en las estrellas, y en la tierra angustia de las gentes, confundidas a causa del bramido del mar y de las olas;
[26] desfalleciendo los hombres por el temor y la expectación de las cosas que sobrevendrán en la tierra; porque las potencias de los cielos serán conmovidas.
[27] Entonces verán al Hijo del Hombre, que vendrá en una nube con poder y gran gloria.
[28] Cuando estas cosas comiencen a suceder, erguíos y levantad vuestra cabeza, porque vuestra redención está cerca.

Sabemos
Cuando en la estación de otoño,
vemos las hojas cayendo;
sabemos que se aproxima
la llegada del invierno

Cuando las luces del alba
por el Oriente se asoman;
sabemos que en poco rato
se retirarán las sombras

Cuando el relámpago amaga
con su gesto amenazante,
sabemos que en un segundo
vendrá el trueno espeluznante

Y cuando el mundo agoniza
en maldad y sufrimiento,
y hasta todos los rincones
va llegando el Evangelio;
sabemos que ya no tarda
de Jesucristo el regreso
Velemos y prediquemos
¡Sabemos que él viene presto!

El lucero en la madrugada

En la madrugada, en el horizonte,
vi un lucero que hizo de su luz derroche
y auguró el final de la larga noche

Continuó brillando con su luz intensa
aunque densas nubes envolvían la Tierra
y la castigaban con fiera tormenta

Sé que ya muy pronto vendrá la alborada
El lucero anuncia su pronta llegada,
aunque en la tormenta, parezca lejana

Cristo prometió volver a la Tierra
a llevar con él a su amada iglesia;
mas no precisó el tiempo de espera

Sí nos dio señales que se están cumpliendo
Son fieles heraldos, son como el lucero
que aunque haya tormenta, aún alumbra el cielo

Podemos mirar al claro lucero
Nos da la certeza de que viene presto
Un poquito más, y con él iremos

Proclama que Cristo viene

La Tierra que se desangra cuando erupciona el volcán;
los temblores de su cuerpo en potente terremoto;
alertándonos están
Callar su voces no pueden
Proclaman que Cristo viene

Los huracanes que azotan con vientos e inundaciones,
convirtiendo las ciudades en lagos llenos de escombros;
son claros proclamadores
Callar sus voces no pueden
Proclaman que Cristo viene

El rugido del cañón, macabra canción de muerte;
el hambre que cruel devora, como fiera a los humanos;
son gritos claros y fuertes

Callar sus voces no pueden
Proclaman que Cristo viene

La maldad que nos envuelve, como frío congelante;
el vicio, la enfermedad, los temores que nos secan;
son mensajeros constantes
Callar sus voces no pueden
Proclaman que Cristo viene

Mas no solo las tragedias hacen la proclamación
Con sus vidas y palabras, los seguidores de Cristo
dan resonante pregón
Callar sus voces no pueden
Proclaman que Cristo viene

Tú, redimido por Cristo, debes ser su mensajero
El mensaje de que viene a buscar a sus discípulos
debes dar lleno de celo
Callar tu voz nadie puede
Proclama que Cristo viene

Capítulo 4
La tarea que Jesús dejó a sus discípulos

Jesús dejó a sus discípulos la tarea de hacer más discípulos en todas las naciones y bautizarlos en el nombre del Padre, del Hijo, y del Espíritu Santo.

Los nuevos discípulos deben ser enseñados a guardar todas las enseñanzas de Jesús.

Todas las criaturas -personas- deben ser alcanzadas con la predicación del Evangelio.

Para que pudieran ser testigos de Jesús en todas partes, él les prometió que recibirían poder del Espíritu Santo.

Mateo 28:16-20
16 Pero los once discípulos se fueron a Galilea, al monte donde Jesús les había ordenado.
17 Y cuando le vieron, le adoraron; pero algunos dudaban.
18 Y Jesús se acercó y les habló diciendo: Toda potestad me es dada en el cielo y en la tierra.
19 Por tanto, id, y haced discípulos a todas las naciones, bautizándolos en el nombre del Padre, y del Hijo, y del Espíritu Santo;
20 enseñándoles que guarden todas las cosas que os he mandado; y he aquí yo estoy con vosotros todos los días, hasta el fin del mundo. Amén.

Marcos 16:14-16
14 Finalmente se apareció a los once mismos, estando ellos sentados a la mesa, y les reprochó su incredulidad y dureza de corazón, porque no habían creído a los que le habían visto resucitado.
15 Y les dijo: Id por todo el mundo y predicad el evangelio a toda criatura.
16 El que creyere y fuere bautizado, será salvo; mas el que no creyere, será condenado.

Hechos 1:6-8

[6] Entonces los que se habían reunido le preguntaron, diciendo: Señor, ¿restaurarás el reino a Israel en este tiempo?

[7] Y les dijo: No os toca a vosotros saber los tiempos o las sazones, que el Padre puso en su sola potestad;

[8] pero recibiréis poder, cuando haya venido sobre vosotros el Espíritu Santo, y me seréis testigos en Jerusalén, en toda Judea, en Samaria, y hasta lo último de la tierra.

Hagamos discípulos

Hagamos discípulos
por toda la Tierra
Personas que quieran
seguir al Maestro
para vida eterna

Esa fue la orden
que nos dio el Maestro
a los que decimos
ser sus seguidores
-sus fieles discípulos

Sea nuestro mensaje
lleno de esperanza
y de compromiso
Llamemos a todos
a seguir a Cristo

El es Salvador
que regala vida
El busca discípulos
para que lo sigan
hasta el sacrificio

Con instrucción bíblica,
hacemos discípulos,
y los bautizamos
Luego la Palabra
les seguimos dando

Para que así crezcan
juntos con nosotros;

y ellos también puedan
ir a hacer discípulos
para vida eterna

Es esta la obra
La obra inconclusa
que acabar debemos:
ir y hacer discípulos,
y juntos crecer,
siguiendo al Maestro

Pronto este mensaje
alcanzará a todos
y descenderá
en su gloria Cristo
Hermanos, unidos,
hagamos discípulos

Martillazos
Edificaba el arca
-un barco gigantesco-
Lejos del mar lo hacía
La gente preguntaba:
¿Para qué sirve esto?

Noé les respondía
"Sobrevendrá un diluvio
Cuando todo se inunde,
y no haya adonde ir:
éste será el refugio

"Porque los corazones,
de Dios se han alejado;
y están llenos de mal
A regresar a él,
Dios les hace el llamado"

Cuando Noé callaba,
y seguía construyendo;
con cada martillazo,
repetía el mensaje
del juicio venidero

El final se acercaba;
pero antes del final,
Dios les estaba dando,
de alcanzar salvación,
una oportundad

Por ciento veinte años,
les predicó Noé
Al arrepentimiento,
a regresar a Dios,
los llamó vez tras vez

Y cada martillazo
repetía el mensaje
Noé hablaba en serio,
y el arca construía
para emprender el viaje

Los que hoy predicamos
que se acerca el final,
debemos construir
el carácter, lo único
que ha de perdurar

Y mientras construimos,
suenan los martillazos
Todas nuestras acciones,
junto a nuestras palabras,
son potente llamado

Pronto concluirá el juicio,
y Cristo ha de venir
Construyamos el arca
en la cual flotaremos
en este mar del fin

El carácter de Cristo
construyamos, hermano,
Que el mundo pueda oír
en tu arca y la mía,
los claros martillazos

<u>Derrama tu Espíritu Santo</u>
Dios de amor, imploramos tu presencia
Padre, que sobre nosotros descienda,
cual viento recio, el Espíritu Santo;
o cual silvo apacible y delicado
Tú sabes cómo quieres enviarlo,
Señor Omnisapiente y Soberano

Haz entrar vida en estos huesos secos;
porque eso somos de ti separados;
para que, siendo ramas de tu vid,
crezca en nosotros el fruto sagrado
-jugosas uvas de amor y obediencia-
y sea tu nombre glorificado

Señor, por favor, derrama tu Espíritu,
que nos haga testigos de Jesús
Queremos ser antorchas encendidas,
que a las tinieblas penetren con luz,
para que muchos puedan ser librados
de la más opresora esclavitud

Para romper cadenas de pecado,
y que haya un pueblo listo a recibirte,
cuando regreses de ángeles rodeado;
derrama ahora, tu Espíritu Santo

<u>Sol brillante y brisa suave</u>
Sol brillante y brisa suave,
perfecta combinación
que estimula nuestras fuerzas
y nos invita a la acción

Este equilibrio climático
hace más fácil la vida;
mas no siempre se aprovecha
de manera productiva

Cuando el calor nos agota,
o el frío nos paraliza;
pedimos el sol brillante
unido a la suave brisa

Entonces, lo que no hicimos
en el tiempo de bonanza;
intentamos realizar,
ya con mucha desventaja

Cristianos, si hoy disfrutamos
del climático equilibrio;
si hoy podemos predicar
sin que seamos perseguidos:
es tiempo de aprovechar,
haciendo urgente llamado
a familiares y amigos,
y a todos los que podamos

Porque ya pronto vendrá
el fuego perseguidor;
y entretanto, arrecia el frío,
el mal, cual congelador

Cada día, la maldad
enfría más corazones,
y en muchos aumenta el fuego
de destructivos rencores

Pronto el mundo quedará
cegado completamente,
y no habrá oportunidad
para rescatar más gente

Hoy Jesucristo nos llama
a presentar su esperanza,
su oferta de salvación
a la pecadora raza

Alistémonos, hermanos
Trasmitamos el mensaje,
para poder incluir
mucha gente en este viaje

Prediquemos con urgencia,
que el viaje pronto comienza
A buscar a sus salvados,
Jesucristo ya regresa

Prediquemos hoy, hermanos;
antes que el tiempo se acabe;
antes que el fuego infernal
con toda su furia ataque
Aprovechemos que aún hay
sol brillante y brisa suave

Cual Venus

Cubierto está el cielo con oscuro velo;
mas diviso a Venus en el horizonte
Es el precursor de un brillante cielo

Si hoy muchos vieran al pueblo cristiano
alumbrar, cual Venus en la madrugada;
creerían en Cristo para salvación,
y se alistarían para su llegada

Alumbra cristiano, el día se acerca
El Sol de Justicia pronto ha de salir,
y comenzará la alborada eterna

Refleja a Jesús, cual Venus al Sol
Anuncia que viene día eterno y claro
Sé de la alborada digno precursor
Cristo viene pronto; alumbra cristiano

Pregón de alerta

Densas nubes amenazan
con pavorosos rugidos
Con confusión arrullado,
el mundo sigue dornido

A lo bueno llaman malo
A lo malo llaman bueno
Palabras de Dios no comen
Consumen sutil veneno

En la oscuridad moral,
andan errantes, cegados;
y muchos que luz tenemos,
estamos aletargados

Nuestro letargo dejemos
Es tiempo de estar despiertos
En medio de la tormenta,
por fe, veamos el puerto

Y demos pregón de alerta
cada día, cada hora
Cristo viene, ya se acerca
eterna y feliz aurora

Tormenta y oscuridad,
mientras Cristo está a la puerta
Hermanos, con energía,
demos el pregón de alerta

Una esperanza, una misión, un corazón
Hay un pueblo reunido
Hay una gran multitud
de toda tribu y nación
Aquí estamos congregados
para adorar al Señor

Somos hermanos en Cristo
que hemos convergido aquí
de todas partes del Globo
Tenemos esta esperanza
de su regreso glorioso

Venimos a reafirmar
nuestra divina misión,
el ferviente comprosmiso
de llevar a todo el mundo
el Evangelio de Cristo

Muchas culturas y lenguas,
nuestras pieles arco iris;
pero un mismo corazón,
donde late la esperanza
del regreso del Señor

Somos el pueblo Adventista,
y aunque a veces discrepamos

en detalles del camino;
seguimos la misma ruta,
vamos al mismo destino

Somos un pueblo imperfecto,
mas Dios nos reprende y guía
con disciplina y amor,
para ser la iglesia pura
que ha de llevar el Señor

Hoy de aquí nos despedimos
Volvemos a nuestros campos
a terminar la misión,
para que pronto regrese
a buscarnos el Señor

Hasta pronto, mis hermanos
de toda raza y nación
¡Oh, si ya fuera en el Cielo
la próxima reunión!
Reavivemos la esperanza,
continuemos la misión;
cada día más unidos
en un solo corazón

Alamodome, San Antonio, Texas. 60th Sesión mundial de la Iglesia
Adventista del Séptimo Día. Julio 2-11, 2015

Iglesia de Cristo del tiempo del fin
Iglesia de Cristo del tiempo del fin,
milenios de historia te han traído aquí,
hasta la frontera de la eternidad,
donde llanto y muerte nunca más habrá

Ya Cristo regresa en triunfante gloria
Tuya, para siempre, será su victoria
Ya pronto se oirá el final clarín,
iglesia de Cristo del tiempo del fin

Si miras con fe, podrás contemplar
a Cristo viniendo, de ángeles rodeado
por fe has de oír que su voz de arcángel
despierta a los fieles que en vida lo amaron

No es el tiempo ahora para desmayar
ni para prestar atención al mal
Queda sólo tiempo para la bondad,
las palabras sabias, y la santidad

Iglesia de Cristo del tiempo del fin,
todavía hay almas que deben oír
que su sangre limpia de todo pecado,
que a él deben ir para ser lavados

La viña está lista para la cosecha
No seas negligente; que nada se pierda
Suena tú, con fuerza, el final clarín
Iglesia de Cristo del tiempo del fin

Danos la lluvia
Cae la lluvia, riega los campos
Todo florece; habrá cosecha
Del Santo Espíritu, símbolo grato

Oh, Jesucristo, más lluvia envía
lluvia de Espíritu, que nos irrigue
y demos frutos aquí en tu viña

Más lluvia danos; los ríos llena
Los viñadores hoy te rogamos:
Danos tu Espíritu en forma plena

Que prediquemos la salvación
con tanta fuerza, que llegue a ser
un aguacero de bendición

Venga la lluvia del Santo Espíritu
La que madura verdes espigas
para que pronto en gloria regreses
Danos la lluvia, lluvia tardía

Alzo mi voz
Alzo mi voz como trompeta
para anunciar que Cristo viene
El Rey de reyes triunfal regresa

Alzo mi voz con convicción,
en grito urgente, emocionado;
dando las nuevas de salvación

Alzo mi voz en un lamento
por navegantes que naufragaron,
y no pudimos salvar a tiempo

Alzo mi voz en tierno ruego
para implorar al indeciso
que venga hoy, no espere a luego

Alzo mi voz, porque no puedo,
indiferente, quedar callado
Anuncio, grito, lamento y ruego

Se acerca el día; viene el Señor
Callar no puedo, debo anunciar
Para que oigas, alzo mi voz

¿Por qué tardas, Señor?
- "Quisiera que la muerte no existiera ya más
No más odios, ni guerras, ni más enfermedad
Quisiera del dolor nunca más ver la cara
Quisiera que ya Cristo en gloria regresara

"¿Por qué tardas, Señor? ¿Por qué tanto esperar
a que vengas en gloria, y así llegue al final
la horrible pesadilla de la miseria humana?
¿Por qué tarda, Señor, la gloriosa mañana?

"¿Por qué tardas, Señor?", pregunto en agonía
Y Jesús me responde: - "Mucho anhelo aquel día
en que a mis redimidos me llevaré al Edén"
Entonces yo le imploro: - "Señor Jesús, ya ven"

Y Cristo dice: - "Si hoy regresara a la Tierra,
no habría ya más odios, cesaría la guerra;
no habría ya más muerte, ni enfermedad malsana;
Yo pondría ya fin a la miseria humana

"¡Cuánto anhelo volver, y a mi pueblo tomar;
conmigo transportarlo al inmortal hogar!

Mas hay algo que impide mi inmediato regreso
Ya habría regresado ni no fuera por eso"

- "No tienes que decir ya nada más, Señor
Sé que hoy no regresas a causa de tu amor
porque hay multitudes que aún no han escuchado
tu bendito evangelio, tu amoroso llamado

"Por eso, hoy te pido que tu Espíritu Santo
me llene de poder, y que me llene tanto,
que sea tu palabra, en mi lengua, Señor,
un clamor poderoso que llame a salvación

"Ya no preguntaré: '¿Por qué tardas, Señor?'
Porque sé que te tardas a causa de tu amor
Sólo te pediré cada día el poder
para que muchas almas a ti pueda traer"

"Y cuando todos oigan tu llamado amoroso,
Entonces, en las nubes, te mostrarás glorioso
Entonces subiremos felices a tu lado,
a disfrutar la gloria que tu sangre ha ganado"

Darlo todo a Cristo
Id por todo el mundo, y predicad a toda criatura,
que aunque parezca verde, la mies está madura

No temas a la espada, hambre o tribulación;
antes vence a todo con fe y con oración

Piensa en los que perecen sin ver al Salvador,
y tomando tu cruz cada día, proclama el mensaje de amor

Dedica tu tiempo, tu esfuerzo, tus dones, tu vida...
a Aquel que te dio sanidad por su herida

Contempla al divino Señor, clavado en una cruz,
y esparce en las tinieblas su esplendorosa luz

Proclama que se acerca la hora del juicio final
Muéstrale al mundo perdido la senda de vida eternal

Vístete de la armadura de Dios Omnipotente,
con la Biblia como espada, y avanza presto al frente

Nuestra lucha es dura, contra el diablo y su hueste;
pero a nuestro lado marcha el ejército celeste

Si solos luchamos, no podremos vencer;
pero el Espíritu Santo viene con poder

Siembra la Palabra, que esa es tu misión,
y el poder del Espíritu demanda en oración

Conságrate ahora mismo, y exclama desde hoy:
"Juntamente con Cristo, crucificado estoy"

Anuncia con tus actos, viviendo en santidad,
que este mundo perece, y Cristo viene ya

El conflicto de los siglos entre el bien y el mal
libra en esta hora su batalla final

Es terrible la lucha, cual jamás se haya visto
Decídete ahora mismo a darlo todo a Cristo

"El que da testimonio de estas cosas dice: Ciertamente vengo en
breve.
Amén; sí, ven, Señor Jesús." Apocalipsis 22:20

Precursores
Era una voz solemne clamando en el desierto
Era trompeta viva dando un sonido cierto

Era el canto del ave que anuncia la mañana
Era la voz de Dios en una lengua humana

Era un heraldo real allanando el sendero
por donde pasaría el gran Rey venidero

No estaba en el palacio con ropa delicada
Las peñas y los riscos formaban su morada
y era tosco el vestido que su cuerpo abrigaba

Era Juan el Bautista, de Cristo el precursor
porque ya se acercaba el reino del Señor

Decía: Arrepentíos; el reino se ha acercado
-el reino de los cielos-; viene el Rey esperado

Y aunque humilde y sin cetro, Jesús a él llegó;
al Rey del Universo, Juan identificó

Y obediente a su Rey, allí lo bautizó,
y en forma de paloma, al Espíritu vio

Hoy nos toca a nosotros, como a Juan, anunciar
que está el reino de Dios a punto de llegar

También con voz solemne, hoy debemos clamar,
como trompetas vivas, sonido cierto dar

Hoy nos toca cual ave, anunciar la mañana
Somos la voz de Dios en las lenguas humanas

Somos heraldos reales allanando el sendero,
para que llegue Cristo, nuestro Rey venidero

No debemos buscar cuidado mundanal
Debe ser nuestra vida muy sencilla y frugal

Juan el Bautista fue heraldo precursor
del reino de la gracia que traía el Señor

De su reino de gloria, hoy somos precursores
De la eterna mañana ya se ven los albores

Vino humilde y sin cetro para su vida dar
Viene ahora en su gloria, viene ahora a reinar

Con amor procuremos rescatar pecadores
Del gran Rey de la gloria somos los precursores

La montaña y el valle
Desde lo alto de la montaña,
parece el valle reino de paz
No se oyen ruidos, todo está en calma

Voy descendiendo, esperanzado
Pronto estaré en aquel valle
que, desde el monte, he contemplado

Ya casi llego, mi alma se alegra;
pero de pronto escucho ruidos
Oigo disparos, oigo sirenas

Oigo bullicios de desenfreno
que me prohíben la paz soñada
De almas dolientes, oigo lamentos

Mi corazón sufre un gran chasco
Cual pesadilla es la realidad
El valle no es lo que he soñado

Triunfa el pecado, reina el terror
¿Qué debo hacer? ¿Volver al monte
para escapar de tanto horror?...

Mas aún en medio de este bullicio,
oigo a Jesús que me susurra:
"Aún aquí, adopto hijos

"Andan errantes y descarriados
por eso debes permanecer
aquí en el valle, para encontrarlos

"Ve a la montaña en ocasiones
Descansa un poco en la quietud
Al valle oscuro regresa entonces

"Busca a mis hijos aquí en el valle
Diles que en mí hay salvación
Las buenas nuevas a todos dales

"A juntar hijos, vine una vez
Por los que acepten mi salvación,
pronto en mi gloria, regresaré"

Atento escucho tu voz de amor
Aquí en el valle trabajaré,

para ofrecerles tu salvación
Aunque hay horror, tu paz tendré,
hasta que vuelvas, Jesús, Señor

Tocad la trompeta
Tocad la trompeta, que Cristo regresa
Dad la buena nueva con santo fervor
Viene pronto a cumplir su promesa
¡Tocad la trompeta que viene el Señor!

Tocad la trompeta que tiembla la tierra
El sol y la luna niegan su fulgor
Los hombres feroces se hacen la guerra
Todo está diciendo que viene el Señor

Decidlo vosotros con vuestro vivir,
con santas palabras con actos de amor
A los pecadores hay que prevenir
Decidles a todos que viene el Señor

Tocad la trompeta, no hay por qué callar
Ya las piedras claman, no tengáis temor
Despertad del sueño, vamos a velar,
y a decir con gozo que viene el Señor

Esperad confiados las dulces promesas,
entonando un canto de ruego y loor
Erguíos y levantad vuestras cabezas
¡Tocad la trompeta que viene el Señor!

Capítulo 5
La cercanía del regreso de Jesús

Al ver cómo se van cumpliendo las señales que Jesús dejó, podemos tener la certeza de que el regreso de Jesús está a las puertas

Mateo 24:12-33

¹² y por haberse multiplicado la maldad, el amor de muchos se enfriará.

¹³ Mas el que persevere hasta el fin, éste será salvo.

¹⁴ Y será predicado este evangelio del reino en todo el mundo, para testimonio a todas las naciones; y entonces vendrá el fin.

¹⁵ Por tanto, cuando veáis en el lugar santo la abominación desoladora de que habló el profeta Daniel (el que lee, entienda),

¹⁶ entonces los que estén en Judea, huyan a los montes.

¹⁷ El que esté en la azotea, no descienda para tomar algo de su casa;

¹⁸ y el que esté en el campo, no vuelva atrás para tomar su capa.

¹⁹ Mas !!ay de las que estén encintas, y de las que críen en aquellos días!

²⁰ Orad, pues, que vuestra huida no sea en invierno ni en día de reposo;

²¹ porque habrá entonces gran tribulación, cual no la ha habido desde el principio del mundo hasta ahora, ni la habrá.

²² Y si aquellos días no fuesen acortados, nadie sería salvo; mas por causa de los escogidos, aquellos días serán acortados.

²³ Entonces, si alguno os dijere: Mirad, aquí está el Cristo, o mirad, allí está, no lo creáis.

²⁴ Porque se levantarán falsos Cristos, y falsos profetas, y harán grandes señales y prodigios, de tal manera que engañarán, si fuere posible, aun a los escogidos.

²⁵ Ya os lo he dicho antes.

²⁶ Así que, si os dijeren: Mirad, está en el desierto, no salgáis; o mirad, está en los aposentos, no lo creáis.

²⁷ Porque como el relámpago que sale del oriente y se muestra hasta el occidente, así será también la venida del Hijo del Hombre.

²⁸ Porque dondequiera que estuviere el cuerpo muerto, allí se juntarán las águilas.

[29] E inmediatamente después de la tribulación de aquellos días, el sol se oscurecerá, y la luna no dará su resplandor, y las estrellas caerán del cielo, y las potencias de los cielos serán conmovidas. [30] Entonces aparecerá la señal del Hijo del Hombre en el cielo; y entonces lamentarán todas las tribus de la tierra, y verán al Hijo del Hombre viniendo sobre las nubes del cielo, con poder y gran gloria. [31] Y enviará sus ángeles con gran voz de trompeta, y juntarán a sus escogidos, de los cuatro vientos, desde un extremo del cielo hasta el otro. [32] De la higuera aprended la parábola: Cuando ya su rama está tierna, y brotan las hojas, sabéis que el verano está cerca. [33] Así también vosotros, cuando veáis todas estas cosas, conoced que está cerca, a las puertas.

Ya está cerca la frontera
Ya está cerca la frontera
de la Patria Celestial;
mas la fatiga nos rinde
Se hace difícil llegar

Aunque ya casi llegamos
al cruce de la frontera,
a simple vista no vemos
las glorias que nos esperan

Otro peligro que acecha
es quedar desorientados
Perder la ruta a seguir,
que el Señor nos ha trazado

Porque surgen falsos Cristos
y abundan profetas falsos,
que por senderos torcidos,
tras ellos quieren llevarnos

Hay riesgo de resbalones
en el sendero fangoso
Ocultos en las tinieblas,
hay abismos peligrosos

Se oyen cantos de sirenas
Son placeres mundanales

Carnadas para atraparnos
con sus anzuelos mortales

Tenemos que escudriñar
el santo libro de Dios
Andar en su luz perfecta
tras los pasos del Señor

Así será nuestra fe
una mano poderosa,
que ha de empuñar esa llave
que es la oración fervorosa

Necesitamos hablar
con Jesús constantemente
No mantenerlo a la puerta,
sino dejarlo que entre

Debemos pedir la fuerza
que da el Espíritu Santo,
para rescatar a náufragos
en este mar de pecado

Ya pronto regresa Cristo
Ya pronto disfrutaremos
las glorias que nos esperan
Perseveremos, hermanos
Ya está cerca la frontera

Ya vendrá
¿Un planeta sin calamidades?
Ya vendrá
porque el Señor renovará la Tierra
y sólo habrá perfección y belleza

¿Un mundo sin vanidad?
Ya vendrá
porque el carácter humilde de Cristo
será el carácter de todos sus hijos

¿Una reunión de justos?
Ya vendrá,

porque Cristo el Señor lo ha prometido,
y él siempre sus promesas ha cumplido

¿Sólo amor, sin más odios?
Ya vendrá,
porque la sangre que Cristo ha vertido
da fruto de amor en los redimidos

¿El reencuentro con los amados?
Ya vendrá
porque Cristo dará resurrección
a los que hoy le dan su corazón

Esa patria anhelada
está ya próxima a ser realidad,
porque Cristo está a punto de volver
Ya Vendrá

Sonará la final trompeta
Este mundo enfermo no puede más
El vendrá a quitar las enfermedades
Ya vendrá

Vendrá rodeado de ángeles
en deslumbrante gloria y majestad
a buscar a sus hijos redimidos
Ya vendrá

Entre el eterno pasado y la eternidad futura
Entre el eterno pasado
y la eternidad futura;
somos caminantes ciegos,
desviados de la ruta,

La humanidad agoniza,
necesitada de ayuda;
entre el eterno pasado
y la eternidad futura

Sufrimos una caída,
un accidente terrible;
mas Dios nos da solución,
aunque parezca imposible

Entre el eterno pasado
y la eternidad futura;
en medio de estas tinieblas,
la luz de Dios nos alumbra

La operación de rescate
está ya por culminar
Pronto seremos llevados
a nuestro hogar celestial

Sesenta siglos de historia
nos han traído hasta aquí;
mas la era del pecado
está llegando a su fin

Ya pronto comenzará
esa eternidad futura,
cuando Jesús nos levante
de nuestra cuneta oscura

Entre tanto, prediquemos
que Cristo -manso cordero-,
quita el pecado de aquellos
que a él se dan por entero

Luchemos esta batalla,
aunque parezca muy dura
Vamos a triunfar con Cristo,
envueltos en su armadura

Ya pronto seremos parte
de una iglesia sin arrugas,
vestida de lino fino,
que resalta su hermosura

La iglesia, hoy imperfecta,
ya librada de ataduras;
casi al cruzar la frontera,
brillará, hermosa y pura,
entre el eterno pasado
y la eternidad futura

<u>Pronto terminará la noche</u>
El sol no despierta todavía,
y la luna se acostó temprano
Orgullosas, reinan las tinieblas
pero sólo será por un rato

Sabemos que vendrá un día claro
Nuestra fe lo ve en el horizonte;
mas para los que no tienen fe,
hasta en pleno día el sol se esconde

Amigo, ¿qué tal está tu fe?
¿Es capaz de ver el día claro,
aún cuando las densas tinieblas,
con crueldad, imponen su reinado?

¿Tu fe está muerta? Puede vivir
¿Tu fe está débil? Puede animarse
¿Nunca has creído? Puedes creer,
porque de Jesús, voy a contarte

Es Jesús salvador poderoso,
Hijo de Dios en humanidad,
quien, muriendo por nuestros pecados,
con su muerte nos dio eternidad

Y recusitando al tercer día,
al cielo fue para interceder,
porque como fue tentado en todo,
para ayudarnos tiene poder

Soy testigo de lo que te digo
El ha limpiado mi corazón
De las tentaciones, él me libra
No hay odio en mí, sino paz y amor

Ahora mismo puedes decidir
abrir a Jesús tu corazón,
confesarle todos tus pecados
El te da perdón y salvación

Y pone en ti su Espíritu Santo
para que como él venció, tu venzas
Y lleno de su poder, compartas
esta buena nueva hasta que él venga

Lo que te he dicho está en su Palabra
Tú puedes leer la Santa Biblia
para que tu fe, aún si pequeña,
cada día sea fortalecida

El sol no despierta todavía,
y la luna se acostó temprano
Orgullosas, reinan las tinieblas
pero sólo será por un rato,

Sabemos que vendrá un día claro
Nuestra fe lo ve en el horizonte
Ven, no sigas muriendo sin fe
Ven, pronto terminará la noche

Sólo una esperanza brilla
Aunque todavía vive,
el año viejo agoniza
Ya morirá en pocos días

Se va dejando un legado
de galopante maldad
que nos deja horrorizados

¿Será mejor para el mundo
el año que se avecina?
¿O será otra pesadilla
en que crimen, guerra y hambre
bailen en macabra orgía?

Todavía hay en el mundo
proponentes de utopías
que depositan su fe
en la humanidad caída,
soñando con mejorar
esta temporaria vida

Algunos hasta se atreven
a aspirar a vida eterna
con avances de la ciencia

Los que aceptamos la Biblia
como la luz que nos guía,
sabemos que para el mundo
sólo una esperanza brilla

Es la esperanza bendita
del regreso de Jesús
para segar las gavillas
de semillas que ha sembrado
con sus palabras de vida

No podemos predecir
lo que se acerca en detalle
Mas sabemos que será
de sombra de muerte un valle

¿Será el año que se acerca
el último del pecado,
para que ya venga Cristo?
No sabemos, pero el mundo
cae en picada hacia el abismo

Gracias, Dios, por la esperanza
de que Cristo ha de venir
trayendo eterna bonanza

Ayúdanos, por favor,
a aprovechar bien el tiempo
Que podamos siempre estar
listos a viajar al cielo

Que los días que nos quedan
en el año aún presente,
y los días por delante
en el tiempo que aún nos quede;
vivamos en comunión
contigo, que todo puedes

Que esperemos, anhelantes,
el fin de la pesadilla
En este valle sumido
en las sombras de la muerte,
sólo una esperanza brilla

Pronto volverá
Ya está cerca el fin de todas las lágrimas
Ya está cerca el fin de todas las penas
Ya está cerca el fin de todas las muertes
Pronto volverá Jesús a la Tierra

Ya está cerca el día de eterna salud
Ya está cerca el día de la paz eterna
Ya está cerca el día de la eterna aurora
Pronto volverá Jesús a la Tierra

Ahora es el momento de aceptar a Cristo
Ahora es el momento de abrirle la puerta
Ahora es el momento de velar y orar
Pronto volverá Jesús a la Tierra

Ven, no tardes más; acepta a Jesús
Ven, no tardes más; ábrele la puerta
Ven, no tardes más; vela y ora siempre
Pronto volverá Jesús a la Tierra

El día eterno
Demasiado fría, demasiado larga,
demasiado intensa demasiado amarga,
con sus pesadillas y con sus desvelos;
así va la noche con un paso lento

Así va la noche de este mundo oscuro;
mas los que esperamos glorioso futuro,
vivimos en luz, tenemos alivio,
gozamos la paz que sólo da Cristo

Ya se acerca el día, ya casi amanece
Las claras señales lo hacen evidente
Fijemos los ojos en el que vendrá
Con el día eterno, Cristo viene ya

La noche, por siempre, no perdurará
Aunque ha sido larga, ya va a terminar
En la patria eterna todo es claridad
Con el día eterno, Cristo viene ya

Llenos del Espíritu, demos el alerta
Mostremos a todos que Cristo es la puerta
que a la patria eterna nos conducirá
Con el día eterno, Cristo viene ya

Casi amanece
Casi amanece
La noche ha sido fría,
oscura y pronunciada;
y todavía es,
mas resplandece
matutino lucero
que anuncia la alborada

Casi amanece
Pronto iremos a casa,
al hogar anhelado
donde florecen,
en primavera eterna,
las perfumadas flores
que Jesús ha plantado

Casi amanece
Con claridad eterna,
se acerca la mañana
para los redimidos
por la sangre vertida,
pago de amor
por la familia esclava

Casi amanece
De despertar es hora,
porque el lucero
que anuncia la alborada
no deja de brillar
Ya regresa Jesús
por su familia amada

<u>Viene lo mejor</u>
La tormenta cruel azota; y es genuina su crueldad;
pero viene la bonanza de apacible eternidad.

El desierto nos abrasa; su calor es real, quemante;
pero el oasis eterno vemos ya, no muy distante

El mar parece tragarnos con sus olas verdaderas;
mas llegará nuestro barco a las eternas riberas

El terremoto sacude con su real intensidad;
pero pronto viene Cristo, roca de la eternidad

Es real la tribulacion; el conflicto es verdadero;
pero viene lo mejor: Es el mundo venidero

El que traerá Jesús, lleno de dicha y amor
Es verdad que hoy reina el mal, pero viene lo mejor

Capítulo 6
La necesidad de perseverar

En medio de la maldad multiplicada, la cual enfría el amor por el regreso de Jesús, los discípulos de Jesús necesitan perseverar.

Las historias escritas en la Palabra de Dios nos sirven de ejemplo para que podamos perseverar.

Los discípulos de Cristo somos comparados a atletas que necesitan entrenar fuerte y luchar en serio en la competencia.

También somos comparados a soldados que necesitan todas las piezas de la armadura para ser victoriosos.

Mateo 24:12-13
¹² y por haberse multiplicado la maldad, el amor de muchos se enfriará.
¹³ Mas el que persevere hasta el fin, éste será salvo.

1 Corintios 10:6-12
⁶ Mas estas cosas sucedieron como ejemplos para nosotros, para que no codiciemos cosas malas, como ellos codiciaron.
⁷ Ni seáis idólatras, como algunos de ellos, según está escrito: Se sentó el pueblo a comer y a beber, y se levantó a jugar.
⁸ Ni forniquemos, como algunos de ellos fornicaron, y cayeron en un día veintitrés mil.
⁹ Ni tentemos al Señor, como también algunos de ellos le tentaron, y perecieron por las serpientes.
¹⁰ Ni murmuréis, como algunos de ellos murmuraron, y perecieron por el destructor.
¹¹ Y estas cosas les acontecieron como ejemplo, y están escritas para amonestarnos a nosotros, a quienes han alcanzado los fines de los siglos.
¹² Así que, el que piensa estar firme, mire que no caiga.

1 Corintios 9:24-27
²⁴ ¿No sabéis que los que corren en el estadio, todos a la verdad corren, pero uno solo se lleva el premio? Corred de tal manera que lo obtengáis.

[25] Todo aquel que lucha, de todo se abstiene; ellos, a la verdad, para recibir una corona corruptible, pero nosotros, una incorruptible.

[26] Así que, yo de esta manera corro, no como a la ventura; de esta manera peleo, no como quien golpea el aire,

[27] sino que golpeo mi cuerpo, y lo pongo en servidumbre, no sea que habiendo sido heraldo para otros, yo mismo venga a ser eliminado.

Efesios 6:10-13

[10] Por lo demás, hermanos míos, fortaleceos en el Señor, y en el poder de su fuerza.

[11] Vestíos de toda la armadura de Dios, para que podáis estar firmes contra las asechanzas del diablo.

[12] Porque no tenemos lucha contra sangre y carne, sino contra principados, contra potestades, contra los gobernadores de las tinieblas de este siglo, contra huestes espirituales de maldad en las regiones celestes.

[13] Por tanto, tomad toda la armadura de Dios, para que podáis resistir en el día malo, y habiendo acabado todo, estar firmes.

Hacia la eternidad
La vida es una marcha
hacia la eternidad
Nosotros, caminantes
que vamos hacia allá

A veces, como ríos,
corremos al océano
A veces, como lagos,
estamos estancados

A veces hay represas
que detienen al río:
desánimo, fatiga,
apatía y hestío

Hasta retrocedemos
en la marcha hacia el cielo
En dirección opuesta,
nos arrastran los vientos

Aunque todos marchamos,
hay dos distintas sendas

Está la senda ancha,
y está la senda estrecha

Está la senda ancha,
que en perdición termina
Está la senda estrecha,
que conduce a la vida

Dos sendas paralelas
hacia la eternidad
Una va a perdición,
otra a vida inmortal

La segura es la estrecha;
la ancha va a su lado,
con plantas venenosas
de muerte y de pecado

La senda estrecha es Cristo,
que hacia la gloria va
Cuando él regrese en gloria,
traerá inmortalidad

Persistamos, hermanos
Jesús pronto vendrá
Ya pronto dará inicio
nuestra vida inmortal
Marchemos con Jesús
hacia la eternidad

Gracias por cada día
Gracias, Dios, por los días
de sabrosas victorias,
en los que el alma goza
el sabor de la gloria;
porque días como esos
me llenan de optimismo,
y parece la vida
un jardín florecido

Gracias, Dios, por los días
sin emociones fuertes,

que parecen volar
un vuelo intrascendente;
porque me dan alivio
de candentes tensiones,
y disfruto la brisa
de suaves emociones

Gracias, Dios, por los días
de huracán y tornado,
en los que el alma ansía
un ocaso temprano;
porque me vuelven fuerte
y reafirman mi fe,
para esperar confiado
lo que aún no se ve

Porque andando a tu lado,
cada día es un paso
a encontrarme contigo
en el día anhelado
en que vendrá tu Hijo
a sacarme de aquí
Gracias, Dios, cada día
es un paso hacia ti

Capítulo 7
La necesidad de estar siempre listos

Nadie sabe ni el día ni la hora del regreso de Cristo. Por lo tanto, necesitamos estar siempre listos.

También necesitamos estar siempre listos, porque nadie sabe cuándo ha de llegar el final de su vida.

Mateo 24:36-51

36 Pero del día y la hora nadie sabe, ni aun los ángeles de los cielos, sino sólo mi Padre.

37 Mas como en los días de Noé, así será la venida del Hijo del Hombre.

38 Porque como en los días antes del diluvio estaban comiendo y bebiendo, casándose y dando en casamiento, hasta el día en que Noé entró en el arca,

39 y no entendieron hasta que vino el diluvio y se los llevó a todos, así será también la venida del Hijo del Hombre.

40 Entonces estarán dos en el campo; el uno será tomado, y el otro será dejado.

41 Dos mujeres estarán moliendo en un molino; la una será tomada, y la otra será dejada.

42 Velad, pues, porque no sabéis a qué hora ha de venir vuestro Señor.

43 Pero sabed esto, que si el padre de familia supiese a qué hora el ladrón habría de venir, velaría, y no dejaría minar su casa.

44 Por tanto, también vosotros estad preparados; porque el Hijo del Hombre vendrá a la hora que no pensáis.

45 ¿Quién es, pues, el siervo fiel y prudente, al cual puso su señor sobre su casa para que les dé el alimento a tiempo?

46 Bienaventurado aquel siervo al cual, cuando su señor venga, le halle haciendo así.

47 De cierto os digo que sobre todos sus bienes le pondrá.

48 Pero si aquel siervo malo dijere en su corazón: Mi señor tarda en venir;

49 y comenzare a golpear a sus consiervos, y aún a comer y a beber con los borrachos,

50 vendrá el señor de aquel siervo en día que éste no espera, y a la hora que no sabe,

51 y lo castigará duramente, y pondrá su parte con los hipócritas; allí será el lloro y el crujir de dientes.

Mateo 25:1-13
¹Entonces el reino de los cielos será semejante a diez vírgenes que tomando sus lámparas, salieron a recibir al esposo.
² Cinco de ellas eran prudentes y cinco insensatas.
³ Las insensatas, tomando sus lámparas, no tomaron consigo aceite;
⁴ mas las prudentes tomaron aceite en sus vasijas, juntamente con sus lámparas.
⁵ Y tardándose el esposo, cabecearon todas y se durmieron.
⁶ Y a la medianoche se oyó un clamor: !!Aquí viene el esposo; salid a recibirle!
⁷ Entonces todas aquellas vírgenes se levantaron, y arreglaron sus lámparas.
⁸ Y las insensatas dijeron a las prudentes: Dadnos de vuestro aceite; porque nuestras lámparas se apagan.
⁹ Mas las prudentes respondieron diciendo: Para que no nos falte a nosotras y a vosotras, id más bien a los que venden, y comprad para vosotras mismas.
¹⁰ Pero mientras ellas iban a comprar, vino el esposo; y las que estaban preparadas entraron con él a las bodas; y se cerró la puerta.
¹¹ Después vinieron también las otras vírgenes, diciendo: !!Señor, señor, ábrenos!
¹² Mas él, respondiendo, dijo: De cierto os digo, que no os conozco.
¹³ Velad, pues, porque no sabéis el día ni la hora en que el Hijo del Hombre ha de venir.

2 Corintios 6:1-2
1 Así, pues, nosotros, como colaboradores suyos, os exhortamos también a que no recibáis en vano la gracia de Dios.
² Porque dice: En tiempo aceptable te he oído, Y en día de salvación te he socorrido. He aquí ahora el tiempo aceptable; he aquí ahora el día de salvación.

Lucas 12:13-21
¹³ Le dijo uno de la multitud: Maestro, di a mi hermano que parta conmigo la herencia.
¹⁴ Mas él le dijo: Hombre, ¿quién me ha puesto sobre vosotros como juez o partidor?

¹⁵ Y les dijo: Mirad, y guardaos de toda avaricia; porque la vida del hombre no consiste en la abundancia de los bienes que posee.

¹⁶ También les refirió una parábola, diciendo: La heredad de un hombre rico había producido mucho.

¹⁷ Y él pensaba dentro de sí, diciendo: ¿Qué haré, porque no tengo dónde guardar mis frutos?

¹⁸ Y dijo: Esto haré: derribaré mis graneros, y los edificaré mayores, y allí guardaré todos mis frutos y mis bienes;

¹⁹ y diré a mi alma: Alma, muchos bienes tienes guardados para muchos años; repósate, come, bebe, regocíjate.

²⁰ Pero Dios le dijo: Necio, esta noche vienen a pedirte tu alma; y lo que has provisto, ¿de quién será?

²¹ Así es el que hace para sí tesoro, y no es rico para con Dios.

<u>Dos obstáculos, una solución</u>
El mundo gime y llora,
lleno de horror y espanto;
mas hay una promesa
de que cesará el llanto
Jesús ha de volver,
lo dice el libro santo

Las lágrimas de hoy
no serán para siempre
Muy pronto cesarán
Jesús ya casi viene;
pero hay dos obstáculos
que al Señor hoy detienen

Su pueblo no está listo
Amarlo profesamos,
pero nuestras acciones
demuestran lo contrario
Vivimos con tibieza
Así lo deshonramos

Ese es un serio obstáculo;
su pueblo no está listo
Casi todos ahora
pecamos por ser tibios
No estamos preparados
para que vuelva Cristo

¿Cuál es el otro obstáculo?
Su pueblo está incompleto
El Señor tiene a muchos
que hoy no están en su pueblo,
porque no han escuchado
el evangelio eterno

Tenemos dos obstáculos
Oh, pueblo del Señor
No listos, no completos,
porque falta su amor
Dejar entrar a Cristo;
esa es la solución

Cuando Jesús resida
en cada corazón,
su Espíritu dará
la santificación
Así estaremos listos
para su aparición

Cuando Jesús resida
en cada corazón;
el Espíritu Santo
nos moverá a la acción
Nuestras obras y voces
mostrarán salvación

Todos escucharán
el Evangelio eterno
Con los que a Cristo acepten
se completará el pueblo
A llevarnos con él,
Cristo vemdrá en su reino

Dos obstáculos serios
detienen al Señor
Para los dos obstáculos,
la misma solución:
Dejar entrar a Cristo
en cada corazón

<u>Hacia la patria amada</u>
Andemos en la senda
estrecha y empinada,
rumbo a la eternidad,
hacia la patria amada

No hemos de lamentarnos,
ni de envidiar la suerte
de quienes la ancha senda
siguen hacia la muerte

Hay en la senda ancha
placeres pasajeros
que, sin satisfacer,
hartan a los viajeros

Veneno azucarado
que los pone repletos,
que les inflige daños
y los deja sedientos

Mas, en la senda estrecha,
hay goces celestiales;
manantiales de vida
para los caminantes

Sea ancha o estrecha,
la senda trae peligros;
pero en la estrecha, va
junto a nosotros Cristo

Andemos en la senda
estrecha y empinada,
de la mano de Cristo,
hacia la patria amada

<u>Listos a recibirlo</u>
José y María, de Nazaret,
a Belén llegan a empadronarse
pero ya es noche, y necesitan
un buen descanso, del largo viaje

Encima de ello, se acerca el parto
Buscan refugio en el mesón,
pero no quedan cuartos vacantes
Es muy difícil la situación

Buscan cobija en el establo,
e iluminados por tenue luz
nace el bebé, y es acostado
sobre un pesebre el Rey Jesús

No en un palacio, no en una cuna
yace dormido, el niño Rey
Su excelsa gloria está escondida
Es, a la vista, sólo un bebé

José y María saben que es
el Salvador el que ha llegado
Ambos se acuerdan de lo que el ángel,
meses atrás, había anunciado

Y los pastores, ven la señal
"En un pesebre, entre pañales",
tal como el ángel les anunció
Que él es el Cristo, ellos lo saben

Pasan los días, ya son cuarenta,
y al templo llevan a presentar
al niño Rey, mas va de incógnito
No hay corona, ni cetro real

El sacerdote que pronunció
la bendición sobre el bebé,
no se dio cuenta, que había estado
en la presencia del magno Rey

Sólo Simeón, humilde anciano,
y Ana, la viuda, se dieron cuenta
que habían visto al Salvador
que habían estado en su presencia

Tiempo después, desde el Oriente,
llegan los sabios para adorarlo

Llegan guiados por una estrella,
la que de antaño se había anunciado

Los israelitas, pueblo de Dios,
sus corazones no habían rendido
Pocos estaban listos realmente
a recibir, a su Rey, Cristo

Tan sólo aquellos que habían creido,
en los anuncios dados por Dios
estaban listos a recibirlo
cuando a morir, Cristo llegó

Ya pronto Cristo regresará,
no como humilde siervo sufriente,
para morir por los pecados;
mas como juez Omnipotente

¿Estamos listos a recibirlo,
los que decimos que en él creemos,
y que exhortamos a obedecer,
por fe y amor, sus mandamientos?

Tan sólo aquellos que hayan creído
a los anuncios dados por Dios,
y hayan rendido a él sus vidas,
estarán llenos de fe y amor

Vengan, hermanos; a Dios rindamos,
tal como está, el corazón
Estemos listos a recibirlo
Juntos, digamos: ¡"Sí, ven Señor"!

Con el fervor de Elías
Cuando Elías oró
sobre el monte Carmelo,
fuego santo de Dios
descendió desde el cielo

Fue una oración sencilla,
una breve oración;
sin frases rebuscadas,
mas llena de fervor

El celo de Jehová
su alma consumía
Era cual lava ardiente
que buscaba salida

Cuando hay fuego en el alma,
es porque Dios lo ha puesto;
y la oración ferviente
trae más fuego del cielo

No es por muchas palabras
ni gestos practicados
que Dios concede algo
a caídos humanos

No se impresiona a Dios
con gemas de elocuencia,
ni con erudición,
ni luz de inteligencia

Es la oración de fe
que asciende con fervor
la que llega hasta el trono,
y es oída por Dios

Quiero sentir el celo
que consumía a Elías
Necesito el fervor
que en su interior ardía

Quiero que Dios me envíe,
del cielo el santo fuego;
y sea yo una antorcha
ante el resto del pueblo

Ya se acerca el final
del drama de los siglos
Pronto sobre las nubes
aparecerá Cristo

Ven, hermano, oremos
con el fervor de Elías;

que el fuego del Espíritu
torne la noche en día

Y mucha gente vea
que hay un solo camino
para alcanzar a Dios,
y ese camino es Cristo

Ven, hermano, dejemos
orgullo y apatía
Ven, hermano, oremos
con el fervor de Elías

Listos para el cielo
Grandes sorpresas habrá
cuando lleguemos al cielo
Encontraremos salvados
que muy pecadores fueron

Y notaremos la ausencia
de algunos que parecían
ser santos aquí en la tierra,
al menos a nuestra vista

La respuesta es muy sencilla
Todos somos pecadores
Los pecados hacen nidos
en todos los corazones

Sólo los que se arrepienten
y confiesan sus pecados;
por la sangre de Jesús
son realmente perdonados

No es lo externo y aparente
lo que cuenta ante el Señor
El sabe perfectamente
lo que hay en el corazón

A todos los que vivimos,
nos es posible cambiar
Cambiar de mal para bien
Cambiar de bien para mal

No confíes en tus obras
ni en tus hábitos de vida
Asegúrate que, siempre,
en ti Jesucristo viva

Cuando Jesús vive en ti,
posees la vida eterna
Obras y hábitos buenos,
su presencia los alienta

Pero no debes confiar
en tus obras ni en tus hábitos,
sino en el autor de ellos,
en Jesús que en ti ha morado

Sólo los que se arrepienten
y confiesan sus pecados;
por la sangre de Jesús
son realmente perdonados

Ven ahora arrepentido
al Salvador Jesucristo
Confiésale tus pecados
con un corazón contristo
Para la llegada al cielo,
así estarás siempre listo

Desde ahora
¿Anhelas trascender
tu presente existencia
donde, con emboscadas,
el enemigo asedia,
para destruir tu cuerpo
y matar tu conciencia?

¿Anhelas ir a un mundo
donde no haya temores,
donde nunca se escuche
el tronar de cañones,
donde no crezcan zarzas
ni envidias ni rencores?

Sí. Ese mundo viene;
lo ha prometido Dios
Sin mancha de pecado
ni contaminación
En su atmósfera pura,
se respirará amor

Porque también yo anhelo
ese mundo mejor
Te invito a que busquemos
en Dios transformación,
para que desde ahora
respiremos su amor

Hermanos, acerquémonos
a respirar de Cristo
Llenemos los pulmones
con su aliento divino
Que para el mundo nuevo,
estemos siempre listos
porque en su santa atmósfera,
desde ahora vivimos

Esperando a Cristo
Esperando a Cristo había mucha gente
Muchos esperaban al libertador
General de ejércitos, que quebrantaría
al yugo romano, odioso opresor

Pocos esperaban al siervo sufriente,
con una corona de sangre y dolor;
que aún al opresor perdón brindaría,
que traería un reino de gracia y amor

Por eso a su cuna sin lujo ni pompa,
a adorarlo fueron, no los dirigentes;
sino unos humildes pastores de ovejas
y unos extranjeros llegados de Oriente

Es cierto que un día, él vendrá glorioso.
derrotando a todo tirano opresor;
mas primero vino frágil y mortal
para derramar y enseñar amor

El amor divino que sufre y perdona,
porque quiere a todos traer salvación;
quitando el pecado, madre de la muerte,
dándonos un nuevo, limpio corazón

Por eso es que hoy, antes que él regrese,
hemos de aprender del humilde Cristo,
contemplando siempre su abnegado amor,
para, desde hoy, esperarlo listos

Ahora es el día de traer a él,
de cada pecado nuestra confesión,
para estar ya listos en todo momento,
esperando a Cristo nuestro Salvador

¿Por qué no nos revelas?

-Las manecillas del reloj celestial
ya casi llegan a la hora final

Ya es la hora undécima, pero no vemos
el minuto exacto, pues lo cubre un velo

Señor y amigo, ¿por qué no nos revelas
cuándo pasará lo que tu iglesia anhela?

-Si te dijera, querida iglesia mía,
cuándo llegará, un gran daño te haría

El enemigo convencerte podría
de dejar todo para el último día

Y en aquel día, tu lámpara apagada
y sin aceite no servirá de nada

Busca el Espíritu, sé hoy diligente
Necesitas velar cual virgen prudente

-Las manecillas del reloj celestial
ya casi llegan a la hora final
Velemos; se acerca el futuro glorioso
Apenas un poco, y vendrá el esposo

No tengo miedo a la muerte
No tengo miedo a la muerte; ya Jesús la derrotó
Porque Cristo vive en mí, con él yo soy vencedor

No tengo miedo a la muerte; tengo vida espiritual
No me produce temor el dejar de respirar

No tengo miedo a la muerte, pues con Cristo ya morí
Lo que cada día vivo, es Cristo que vive en mí

No tengo miedo a la muerte; es un sueño temporal
Cuando regrese Jesús, del sueño he de despertar

No tengo miedo a la muerte; si vivo, con él trabajo
Si me tocara morir, Cristo vela mi descanso

Porque en Cristo hay vida eterna, y a Cristo ya uní mi suerte,
hoy estoy listo a morir; no tengo miedo a la muerte

Despiértanos, oh Señor
Como arena entre los dedos se nos escapan los días,
mientras disfrutar queremos de un mundo ya en agonía;
en lugar de aprovechar cada hora, cada instante,
en hacer la voluntad de Dios, nuestro Padre amante

Tratamos de alimentarnos con mendrugos mundanales
y no comemos maná, con nutrientes celestiales
Buscamos saciar la sed con el placer terrenal,
y no bebemos el agua del divino manantial

Creemos estar despiertos, mas dormimos arrullados
por los cantos de sirenas que nos tienen engañados
Señor que tanto nos amas, aviva nuestras conciencias
Ayuda a que despertemos de esta mortal somnolencia

Ya de este mundo engañoso, presuroso viene el fin
Pronto hemos de escuchar de la trompeta el clarín;
la trompeta que acompaña el regreso del Señor,
quien opaca con su gloria de este mundo el esplendor

Despiértanos, Padre Eterno; haz algo, Dios, por favor
Golpéanos si es preciso; despiértanos, oh Señor

La boda

Aquí en casa está la novia; su esperar ha sido largo
A veces medio despierta; muchas veces en letargo

Hay angustiosas preguntas: ¿Por qué tarda tanto el novio?
¿Podría dejarla plantada, sumergiéndola en oprobio?

En su morada está el novio; largo ha sido su esperar
No es su culpa la demora; él ya se quiere casar

¿A casarse con su novia, entonces, por qué no viene?
¿Hay algunas fuertes cuerdas que lo atan y detienen?

El vestido de la novia está sucio y arrugado
Debe ser, para la boda, emblanquecido y planchado

¿Está consciente la novia de que esa es la condición?
La novia ha sido informada; sabe de la solución

¿Qué espera, entonces la novia para limpiar y planchar
el vestido de su boda, y así poderse casar?

Es ese raro letargo en que se encuentra sumida,
lo que no la deja actuar; vive así medio dormida

La iglesia piensa que es larga la espera que está viviendo;
mas en pesado letargo, mucho tiempo está perdiendo

Por supuesto que Jesús no va a dejarla plantada
Ansioso está por casarse con su iglesia tan amada

Mas la iglesia necesita su traje limpio y planchado
-la justicia y santidad de su novio inmaculado

Iglesia, novia de Cristo, tu esperar ha sido largo
Oye el llamado del novio, despierta de tu letargo

Frota su preciosa sangre, en humilde confesión
Tu traje quedará limpio de manchas de transgresión

Visítalo en el Santuario, donde intercede por ti
Las arrugas de tu traje, él ha de planchar allí

Habiéndote así adornado, a él te presentará,
Contigo, novia preciosa, la boda celebrará

Para juntos disfrutar eterna felicidad,
porque serán desterrados el dolor y la maldad

Despierta, iglesia de Cristo; despierta, despierta ya
Si le confías tu traje, la boda pronto será

La armadura de Dios
(Efesios 6:12-20)
Tu lucha, cristiano, no es material
Es contra demonios; es espiritual

La batalla arrecia; la lucha es más dura
Soldado de Cristo, ponte la armadura

Póntela completa para resistir
en el día malo que ya ha de venir

El cinturón cíñete, faja de verdad,
para descubrir toda falsedad

Ponte la coraza sobre el corazón,
justicia de Cristo para perfección

Usa el Evangelio como tu calzado,
para caminar juntando salvados

Los dardos de fuego que el maligno lanza,
detén con escudo de fe y de confianza

Mantén con Jesús diaria relación,
el yelmo seguro de la salvación

Del divino Espíritu, empuña la espada,
la santa Palabra por Dios inspirada

Mantente velando, siempre en oración,
como buen guardián de tu salvación

Ya pronto, soldado, viene el centurión,
el invicto Cristo, con el galardón

Pronto empezará la marcha triunfal,
que traspasará del cielo el umbral

Ponte la armadura, soldado de Cristo,
toda la armadura, para que estés listo

Diez vírgenes
(Mateo 25:1-13)
Diez vírgenes que esperan con lámpara encendida
al anunciado esposo que esa noche vendrá
Una iglesia que espera de Cristo la venida
y sabe que a buscarla, muy pronto llegará

Pero la noche avanza, y se tarda el esposo
Comienza un cabeceo, y al fin se duermen todas
Aunque la iglesia espera aquel momento hermoso,
no sabe exactamente cuándo será la boda

Pero a la medianoche las vírgenes despiertan
al clamor que se escucha: "Aquí viene el esposo"
Los miembros de la iglesia con prontitud se alertan
No tarda de Jesús el regreso glorioso

Las vírgenes, sus lámparas, preparan arduamente,
mas cinco de las lámparas comienzan a apagarse
Por no haberse provisto de aceite suficiente,
hay cinco de las vírgenes que tienen que quedarse

Los cristianos que piensan que con Jesús irán,
no todos están listos para ir con el esposo
Por falta del Espíritu, muchos se quedarán
¡Es en verdad un cuadro muy triste y doloroso!

Al concluir la historia, Jesús dijo: "velad,
porque el día ni la hora sabéis de mi venida"
Es como si dijera: Hoy aceite buscad
para que permanezca la lámpara encendida

Que el Espíritu more de manera constante
No dejemos pasar los momentos preciosos
Muy pronto Cristo viene, ya se acerca el instante
de irnos a la boda, con Jesús, el esposo

Capítulo 8
El juicio investigador

Antes que Cristo regrese, el juicio inviestigador debe ser concluido, porque cuando Cristo venga hará separación entre salvos y no salvos.

Junto con la proclamación del Evangelio a todo el mundo que es la señal final antes que Cristo venga; en Apocalipsis 14:6-7; se anuncia que la hora del juicio ha llegado

Apocalipsis 14:6-7
6 Vi volar por en medio del cielo a otro ángel, que tenía el evangelio eterno para predicarlo a los moradores de la tierra, a toda nación, tribu, lengua y pueblo,
7 diciendo a gran voz: Temed a Dios, y dadle gloria, porque la hora de su juicio ha llegado; y adorad a aquel que hizo el cielo y la tierra, el mar y las fuentes de las aguas.

Eclesiastés 12:13-14
13 El fin de todo el discurso oído es este: Teme a Dios, y guarda sus mandamientos; porque esto es el todo del hombre.
14 Porque Dios traerá toda obra a juicio, juntamente con toda cosa encubierta, sea buena o sea mala.

Salmos 1:5
Por tanto, no se levantarán los malos en el juicio, Ni los pecadores en la congregación de los justos

Mateo 12:36
Mas yo os digo que de toda palabra ociosa que hablen los hombres, de ella darán cuenta en el día del juicio.

Hebreos 9:27-28
27 Y de la manera que está establecido para los hombres que mueran una sola vez, y después de esto el juicio,
28 así también Cristo fue ofrecido una sola vez para llevar los pecados de muchos; y aparecerá por segunda vez, sin relación con el pecado, para salvar a los que le esperan.

Juan 5:21-27

[21] Porque como el Padre levanta a los muertos, y les da vida, así también el Hijo a los que quiere da vida.

[22] Porque el Padre a nadie juzga, sino que todo el juicio dio al Hijo,

[23] para que todos honren al Hijo como honran al Padre. El que no honra al Hijo, no honra al Padre que le envió.

[24] De cierto, de cierto os digo: El que oye mi palabra, y cree al que me envió, tiene vida eterna; y no vendrá a condenación, mas ha pasado de muerte a vida.

[26] De cierto, de cierto os digo: Viene la hora, y ahora es, cuando los muertos oirán la voz del Hijo de Dios; y los que la oyeren vivirán.

[26] Porque como el Padre tiene vida en sí mismo, así también ha dado al Hijo el tener vida en sí mismo;

[27] y también le dio autoridad de hacer juicio, por cuanto es el Hijo del Hombre.

Cuando Jesús aparezca

Cuando Jesús aparezca en las nubes de los cielos,
no vendrá para morir como inocente cordero,
ni ha de ser el sacerdote que intercede por el pueblo
Vendrá como Rey y Juez con el veredicto eterno

El veredicto será perfecto e inapelable,
porque el juez habrá aplicado misericordia abundante
a aquellos que, finalmente, sean declarados culpables

¡Oh, cuánta misericordia el Señor nos ha extendido!
Por nosotros, pecadores, sufrió y murió Jesucristo,
Hoy intercede y nos llama con amor inmerecido

Oye su ruego de amor, su tierna voz que te invita,
que te ofrece su perdón y su presencia bendita
El quiere que tú le abras para inundarte de vida

Cuando Jesús aparezca en las nubes de los cielos,
vendrá como Rey y Juez con el veredicto eterno,
¿Quieres ser siempre su amigo, y súbdito de su reino?
Todo esto será posible, si abres a su tierno ruego

La corte está en sesión

Dentro de negros trajes, con sombríos semblantes,
los magistrados oyen historias discordantes

Les toca decidir quién tiene la razón
Cuando emitan su fallo, ya no habrá apelación

Es la corte suprema -el magno tribunal
Su decisión será la palabra final

Pero no es infalible; es una corte humana
A veces la injusticia a la justicia gana

No así la celestial; el Juez del Universo
emite veredictos infalibles, perfectos

En este mismo instante, la corte está en sesión,
pesando cada acto; la acción y la intención

Cuando alguien termina su andar por esta tierra,
se emite el veredicto, su historia ya se cierra

Y pronto, de los vivos, también se cerrará
De todas las historias, el final será ya

Para todos habrá veredicto final
En él, nada será necesario cambiar

Con cada veredicto, Jesús vendrá en su gloria
a recoger el oro y desechar la escoria

Es hoy, antes que mueras, o antes que llegue el fin
que debes entregarte al que murió por ti

Es el mismo Jesús tu juez y tu abogado
Confiésale hoy tus faltas, para ser perdonado

Jesús te está llamando; abre tu corazón
En este mismo instante, la corte está en sesión

Capítulo 9
La gran persecución final

En el pasado, los hijos de Dios han sufrido grandes persecuciones. Antes que Cristo regrese, sucederá una persecución aún mayor; mas Dios los sostendrá.

Apocalipsis 12

1 Apareció en el cielo una gran señal: una mujer vestida del sol, con la luna debajo de sus pies, y sobre su cabeza una corona de doce estrellas.

2 Y estando encinta, clamaba con dolores de parto, en la angustia del alumbramiento.

3 También apareció otra señal en el cielo: he aquí un gran dragón escarlata, que tenía siete cabezas y diez cuernos, y en sus cabezas siete diademas;

4 y su cola arrastraba la tercera parte de las estrellas del cielo, y las arrojó sobre la tierra. Y el dragón se paró frente a la mujer que estaba para dar a luz, a fin de devorar a su hijo tan pronto como naciese.

5 Y ella dio a luz un hijo varón, que regirá con vara de hierro a todas las naciones; y su hijo fue arrebatado para Dios y para su trono.

6 Y la mujer huyó al desierto, donde tiene lugar preparado por Dios, para que allí la sustenten por mil doscientos sesenta días.

7 Después hubo una gran batalla en el cielo: Miguel y sus ángeles luchaban contra el dragón; y luchaban el dragón y sus ángeles;

8 pero no prevalecieron, ni se halló ya lugar para ellos en el cielo.

9 Y fue lanzado fuera el gran dragón, la serpiente antigua, que se llama diablo y Satanás, el cual engaña al mundo entero; fue arrojado a la tierra, y sus ángeles fueron arrojados con él.

10 Entonces oí una gran voz en el cielo, que decía: Ahora ha venido la salvación, el poder, y el reino de nuestro Dios, y la autoridad de su Cristo; porque ha sido lanzado fuera el acusador de nuestros hermanos, el que los acusaba delante de nuestro Dios día y noche.

11 Y ellos le han vencido por medio de la sangre del Cordero y de la palabra del testimonio de ellos, y menospreciaron sus vidas hasta la muerte.

12 Por lo cual alegraos, cielos, y los que moráis en ellos. !!Ay de los moradores de la tierra y del mar! porque el diablo ha descendido a vosotros con gran ira, sabiendo que tiene poco tiempo.

¹³ Y cuando vio el dragón que había sido arrojado a la tierra, persiguió a la mujer que había dado a luz al hijo varón.

¹⁴ Y se le dieron a la mujer las dos alas de la gran águila, para que volase de delante de la serpiente al desierto, a su lugar, donde es sustentada por un tiempo, y tiempos, y la mitad de un tiempo.

¹⁵ Y la serpiente arrojó de su boca, tras la mujer, agua como un río, para que fuese arrastrada por el río.

¹⁶ Pero la tierra ayudó a la mujer, pues la tierra abrió su boca y tragó el río que el dragón había echado de su boca.

¹⁷ Entonces el dragón se llenó de ira contra la mujer; y se fue a hacer guerra contra el resto de la descendencia de ella, los que guardan los mandamientos de Dios y tienen el testimonio de Jesucristo.

Apocalipsis 13

¹ Me paré sobre la arena del mar, y vi subir del mar una bestia que tenía siete cabezas y diez cuernos; y en sus cuernos diez diademas; y sobre sus cabezas, un nombre blasfemo.

² Y la bestia que vi era semejante a un leopardo, y sus pies como de oso, y su boca como boca de león. Y el dragón le dio su poder y su trono, y grande autoridad.

³ Vi una de sus cabezas como herida de muerte, pero su herida mortal fue sanada; y se maravilló toda la tierra en pos de la bestia,

⁴ y adoraron al dragón que había dado autoridad a la bestia, y adoraron a la bestia, diciendo: ¿Quién como la bestia, y quién podrá luchar contra ella?

⁵ También se le dio boca que hablaba grandes cosas y blasfemias; y se le dio autoridad para actuar cuarenta y dos meses.

⁶ Y abrió su boca en blasfemias contra Dios, para blasfemar de su nombre, de su tabernáculo, y de los que moran en el cielo.

⁷ Y se le permitió hacer guerra contra los santos, y vencerlos. También se le dio autoridad sobre toda tribu, pueblo, lengua y nación.

⁸ Y la adoraron todos los moradores de la tierra cuyos nombres no estaban escritos en el libro de la vida del Cordero que fue inmolado desde el principio del mundo.

⁹ Si alguno tiene oído, oiga.

¹⁰ Si alguno lleva en cautividad, va en cautividad; si alguno mata a espada, a espada debe ser muerto. Aquí está la paciencia y la fe de los santos.

¹¹ Después vi otra bestia que subía de la tierra; y tenía dos cuernos semejantes a los de un cordero, pero hablaba como dragón.

[12] Y ejerce toda la autoridad de la primera bestia en presencia de ella, y hace que la tierra y los moradores de ella adoren a la primera bestia, cuya herida mortal fue sanada.

[13] También hace grandes señales, de tal manera que aun hace descender fuego del cielo a la tierra delante de los hombres.

[14] Y engaña a los moradores de la tierra con las señales que se le ha permitido hacer en presencia de la bestia, mandando a los moradores de la tierra que le hagan imagen a la bestia que tiene la herida de espada, y vivió.

[15] Y se le permitió infundir aliento a la imagen de la bestia, para que la imagen hablase e hiciese matar a todo el que no la adorase.

[16] Y hacía que a todos, pequeños y grandes, ricos y pobres, libres y esclavos, se les pusiese una marca en la mano derecha, o en la frente;

[17] y que ninguno pudiese comprar ni vender, sino el que tuviese la marca o el nombre de la bestia, o el número de su nombre.

[18] Aquí hay sabiduría. El que tiene entendimiento, cuente el número de la bestia, pues es número de hombre. Y su número es seiscientos sesenta y seis

Daniel 12:1-2

1 En aquel tiempo se levantará Miguel, el gran príncipe que está de parte de los hijos de tu pueblo; y será tiempo de angustia, cual nunca fue desde que hubo gente hasta entonces; pero en aquel tiempo será libertado tu pueblo, todos los que se hallen escritos en el libro.

2 Y muchos de los que duermen en el polvo de la tierra serán despertados, unos para vida eterna, y otros para vergüenza y confusión perpetua.

Héroes y mártires de la fe

Pienso en héroes de la fe, que permanecieron fieles
ante amenazas de muerte y los castigos más crueles

Jeremías, torturado, continuó profetizando;
y sin temor a la muerte, a reyes amonestando

Ananías, Misael y Azarías desafiaron
a Nabucodonosor, y la imagen no adoraron

Daniel, dispuesto a morir por leones devorado,
frente a su ventana abierta, oró ante el Señor postrado

La heroína de la fe, Ester, hasta el Rey entró;
y por salvar a su pueblo, su propia vida arriesgó

Pedro y Juan ante el concilio, proclamaron obediencia
a Dios antes que a los hombres, sin miedo a las consecuencias

En algunas ocasiones, Dios decidió intervenir;
y así estos héroes pudieron por más tiempo a Dios servir

Pero a otros les tocó ser mártires inmolados,
como fue Juan el Bautista, quien murió decapitado

Esteban, por predicar, fue hasta la muerte apedreado;
y Jacobo, por ser fiel; a espada fue ejecutado

Aunque Pablo, muchas veces, de la muerte fue librado,
siendo ya un frágil anciano; también fue decapitado

A Pedro, por predicar, obedeciendo a Jesús;
también, siendo ya un anciano, lo mataron en la cruz

Las turbas del Coliseo vieron la fe y el valor
de los que, ni ante las fieras, negaron a su Señor

Durante la edad obscura, por la hoguera y por la espada;
de mártires de la fe fueron las vidas cortadas

Ser fieles hasta la muerte estos mártires pudieron,
porque su fe en el Señor cultivaron y ejercieron

Las profecías enseñan que pronto un decreto habrá
que a los que guarden el Sábado, a muerte condenará

Las multitudes infieles a la bestia seguirán;
mas los héroes de la fe a Cristo obedecerán

Al contemplar esa fe, siento mi pecho latir;
y digo, Señor estoy por ti dispuesto a morir

Mas hoy, quizás ni la hoguera ni la espada he de enfrentar
¿Será que esta inspiración hoy voy a desperdiciar?

No, porque precisamente hoy necesito morir
Hoy debo tomar mi cruz, y hasta el Calvario subir

Hoy mi ser pecaminoso debe ser crucificado
para tener vida nueva en que no reine el pecado

Y así al morir cada día, soy un mártir de la fe;
y cuando Jesús regrese, la inmortalidad tendré

Es tiempo de velar
En el ocaso triste de un mundo envejecido,
de un mundo lleno de odios, miserias y maldad,
un canto de sirenas resuena en los oídos
Profetas engañosos predican amistad,
enarbolando el lema: "Seguridad y paz"

Mas la aparente calma presagia el vendaval
Seguridad y paz es una vil mentira
Es una artera trampa del príncipe del mal
Están al desatarse los vientos de la ira
Ya se nos echa encima la gran prueba final

¿Estás para esa prueba preparando tu vida?
¿O duermes al arrullo del lema engañador,
pensando que el Señor se tarda en su venida?
Hermano, ¿Por qué duermes un sueño tan traidor?
Despiértate que pronto regresará el Señor

El fin es inminente, mas viene sigiloso
Con rapidez felina, se dispone a saltar
Los días que nos quedan son dones tan preciosos,
que ni un solo minuto se puede malgastar
Despiértate, mi hermano, es tiempo de velar

Velar sobre el carácter, para limpiarnos ya
de toda la inmundicia que ensucia el corazón,
teniendo como meta la plena santidad,
y escalando alturas hacia la perfección,
transitar por la senda sin mirar hacia atrás

¿Y mirar hacia el lado? ¿Juzgar a nuestro hermano?
¡No! Dejad ese pecado, es Dios quien juzgará

Y en la balanza eterna tú y yo somos pesados
No mires a tu hermano, no le critiques más
Examínate tú para ver cómo estás

Compárate con Cristo, y así comprenderás
que quedan en tu viña malezas que arrancar
Desnudo, pobre y ciego, cual eres, te verás,
si empiezas ahora mismo tu vida a examinar
Despiértate, mi hermano, es tiempo de velar

Mas no te desanimes, mirando a tu pobreza
Hay tesoros en Cristo, para poder triunfar
No mires hacia abajo, levanta tu cabeza
A Cristo y sólo a Cristo es hora de mirar
Despiértate, mi hermano, es tiempo de velar

Es el tiempo de orar, pidiendo santidad,
de proclamar que Cristo va pronto a regresar,
de cavar en la Biblia, buscando la verdad
Es tiempo de humillarnos, es tiempo de ayunar
Despiértate, mi hermano, es tiempo de velar

Capítulo 10
El milenio y la Tierra Nueva

Los salvados vivirán por siempre en la Tierra Nueva, después de estar mil años en el Cielo.

Durante los mil años, los salvados juzgan o revisan los casos de los que no fueron salvos y de Satanás y sus ángeles. Dios quiere que todos los que han de vivir con él eternamente vean que él ha sido perfectamente justo en su veredicto.

Al final de los mil años, la Santa Ciudad, con todos los salvados, desciende del Cielo a la Tierra. Los no salvados son resucitados, pero demuestran la justicia del veredicto de Dios al no arrepentirse, sino por el contrario, querer tomar por la fuerza la Santa Ciudad. Es en ese momento, cuando todos los no salvados, junto a Satanós y sus ángeles son consumidos por el fuego de Dios, y el Universo queda limpio de pecado y pecadores.

La Tierra Nueva será un lugar de eterna y perfecta felicidad, sin muertes ni enfermedades, donde Dios (El Padre), y el Cordero (El Hijo) harán su morada junto con los salvados.

Juan 14:1-3
[1] No se turbe vuestro corazón; creéis en Dios, creed también en mí.
[2] En la casa de mi Padre muchas moradas hay; si así no fuera, yo os lo hubiera dicho; voy, pues, a preparar lugar para vosotros.
[3] Y si me fuere y os preparare lugar, vendré otra vez, y os tomaré a mí mismo, para que donde yo estoy, vosotros también estéis.

Apocalipsis 20:1-6
[1] Vi a un ángel que descendía del cielo, con la llave del abismo, y una gran cadena en la mano.
[2] Y prendió al dragón, la serpiente antigua, que es el diablo y Satanás, y lo ató por mil años;
[3] y lo arrojó al abismo, y lo encerró, y puso su sello sobre él, para que no engañase más a las naciones, hasta que fuesen cumplidos mil años; y después de esto debe ser desatado por un poco de tiempo.

⁴ Y vi tronos, y se sentaron sobre ellos los que recibieron facultad de juzgar; y vi las almas de los decapitados por causa del testimonio de Jesús y por la palabra de Dios, los que no habían adorado a la bestia ni a su imagen, y que no recibieron la marca en sus frentes ni en sus manos; y vivieron y reinaron con Cristo mil años.

⁵ Pero los otros muertos no volvieron a vivir hasta que se cumplieron mil años. Esta es la primera resurrección.

⁶ Bienaventurado y santo el que tiene parte en la primera resurrección; la segunda muerte no tiene potestad sobre éstos, sino que serán sacerdotes de Dios y de Cristo, y reinarán con él mil años.

1 Corintios 6:1-3

1 ¿Osa alguno de vosotros, cuando tiene algo contra otro, ir a juicio delante de los injustos, y no delante de los santos?

² ¿O no sabéis que los santos han de juzgar al mundo? Y si el mundo ha de ser juzgado por vosotros, ¿sois indignos de juzgar cosas muy pequeñas?

³ ¿O no sabéis que hemos de juzgar a los ángeles? ¿Cuánto más las cosas de esta vida?

Apocalipsis 20:7-9

⁷ Cuando los mil años se cumplan, Satanás será suelto de su prisión,

⁸ y saldrá a engañar a las naciones que están en los cuatro ángulos de la tierra, a Gog y a Magog, a fin de reunirlos para la batalla; el número de los cuales es como la arena del mar.

⁹ Y subieron sobre la anchura de la tierra, y rodearon el campamento de los santos y la ciudad amada; y de Dios descendió fuego del cielo, y los consumió.

Apocalipsis 21:1-4

¹ Vi un cielo nuevo y una tierra nueva; porque el primer cielo y la primera tierra pasaron, y el mar ya no existía más.

² Y yo Juan vi la santa ciudad, la nueva Jerusalén, descender del cielo, de Dios, dispuesta como una esposa ataviada para su marido.

³ Y oí una gran voz del cielo que decía: He aquí el tabernáculo de Dios con los hombres, y él morará con ellos; y ellos serán su pueblo, y Dios mismo estará con ellos como su Dios.

⁴ Enjugará Dios toda lágrima de los ojos de ellos; y ya no habrá muerte, ni habrá más llanto, ni clamor, ni dolor; porque las primeras cosas pasaron.

Apocalipsis 22:1-5
¹ Después me mostró un río limpio de agua de vida, resplandeciente como cristal, que salía del trono de Dios y del Cordero.
² En medio de la calle de la ciudad, y a uno y otro lado del río, estaba el árbol de la vida, que produce doce frutos, dando cada mes su fruto; y las hojas del árbol eran para la sanidad de las naciones.
³ Y no habrá más maldición; y el trono de Dios y del Cordero estará en ella, y sus siervos le servirán,
⁴ y verán su rostro, y su nombre estará en sus frentes.
⁵ No habrá allí más noche; y no tienen necesidad de luz de lámpara, ni de luz del sol, porque Dios el Señor los iluminará; y reinarán por los siglos de los siglos.

Fama y gloria
La historia llena está
de ilustres personajes
que alcanzaron la fama
por sus hechos notables

Algunos de estos actos
sembraron vida y paz
Otros dieron por fruto
muerte y calamidad

No es correcto vivir
para alcanzar la fama
Esta a veces se alcanza
haciendo cosas malas

Lo importante es vivir
unido al Creador
para sembrar semillas
de amor y bendición

Aquí la vida es corta
Viene la eternidad
La gloria en esta vida
es paja y vanidad

No habrá en la eternidad
ni pizca de memorias
de muchos que aquí fueron
ilustres en la historia

No aspiro a que mi nombre
se escriba aquí en la historia,
ni en salones de fama
anhelo tener gloria

Mas quiero que mi nombre
esté escrito en el cielo
en la lista de aquellos
que irán al mundo eterno

Por eso, hoy escojo
a Cristo, no a la fama,
para vivir con él
en la eterna morada

Allá donde seremos
para siempre valiosos,
donde nadie querrá
ser ilustre o famoso,
y por la eternidad
cantaremos la historia
de Cristo y de su amor
¡Sean a él fama y gloria!

El Apocalipsis, la Revelación
El Apocalipsis,
la Revelación
que a su amada iglesia
entregó el Señor

Hay varias visiones
que traen advertencias,
mas también promesas
para vida eterna

El Señor, con símbolos,
enseña a su pueblo

Habla a siete iglesias
Abre siete sellos

Hay siete trompetas
que él hace sonar,
y las siete plagas
derrama al final

Aparecen ángeles
-fieles mensajeros-
que hacen más cercanos
la tierra y el cielo

Hay perseguidores:
El dragón, las bestias;
cabezas y cuernos
de horrible apariencia

Es el mismo diablo
con sus viles hijos
-las fuerzas del mal
en el gran conflicto

Persiguen y matan
a hijos de Dios,
mas éstos se aferran
a Cristo el Señor

Si viven o mueren,
vencen por la sangre
del manso Cordero
que vino a salvarles

Y por la palabra
de su testimonio,
a Satanás vencen
y a todos sus socios

Llenos del Espíritu,
luchan y predican
A su iglesia débil,
Jesús santifica

La convierte en pura,
la viste de boda,
regresa a buscarla,
la hace su esposa

Habiéndo obtenido,
en Cristo, victoria,
El vuelve por ella;
la lleva a la gloria

Y para cerrar
la Revelación;
de la tierra nueva
Dios da una visión

La Santa Ciudad
con calles de oro,
donde no habrá muerte,
ni dolor, ni lloro

Fluye un río del trono,
con agua de vida;
y Dios, con su luz,
hace eterno el día

Junto al río crece
el árbol de vida
El gozo es perfecto,
eterna la dicha;

Y allí está Jesús,
quien nos dio la vida
Y en memoria eterna,
sus manos heridas

Oye, pecador
Sus manos heridas
tocan a tu puerta,
para entrar con vida

Abre ya tu puerta,
dale el corazón

Para eso dio Dios
el Apocalipsis,
la Revelación

El mundo que soñamos
Los que a Cristo seguimos,
creemos sus promesas;
Confiando en él soñamos
con una tierra nueva
Soñamos con vivir
en un mundo sin guerras,
sin muerte, sin dolor,
sin celos ni contiendas
Soñamos con vivir
en un mundo de paz,
de vida en plenitud,
de amor y de bondad

Y tú, si no has soñado,
comienza ya a soñar,
porque pronto ese mundo
ha de ser realidad

Mas si quieres vivir
en esa tierra buena,
necesitas de Cristo
recibir vida nueva

Y para que recibas
la vida nueva en Cristo,
necesitas abrir
tu puerta y recibirlo;
la de tu corazón,
para que él more en ti
Con él en ti morando,
ya tienes vida aquí

Mas a tu alrededor,
continúa la guerra,
la muerte y el dolor,
los celos, las contiendas

Por eso, cada día,
no sólo has de soñar
con aquel mundo nuevo;
también tu parte harás
Y tu parte consiste
en mantenerte listo,
teniendo todo el tiempo
la presencia de Cristo,
y avisarles a otros
que en Cristo hay vida eterna,
que con él viviremos
en esa tierra nueva;
el mundo que soñamos,
lugar de eterna paz,
de vida en plenitud,
de amor y de bondad

El regreso de Cristo
está ya muy cercano
Hermanos, continuemos
soñando y trabajando
Ya va a ser realidad
el mundo que soñamos

El planeta azul y el planeta rojo
Las cosas andan mal en el planeta azul
Muchos están planeando irse al planeta rojo
¿Será que en aquel mundo, será mejor la vida?
¿Podríamos vivir más en aquel Marte inhóspito?

Los que hacen tales planes no prometen el cielo
ni una vida más larga, ni una vida mejor
Por el contrario advierten que será más difícil
y que será acortada porque hay más radiación

Las cosas andan mal en el planeta azul
mas el planeta rojo no es nuestra solución
Dios nos ha preparado un viaje a su morada,
-la dorada ciudad- sin muerte ni dolor

Hacia donde Dios vive, a la ciudad dorada
-Jerusalén la nueva- donde hay felicidad,

seremos levantados cuando Cristo regrese
A buscar a su pueblo, Jesús pronto vendrá

Mas después de mil años, la dorada ciudad
vendrá al planeta azul, a ser nuestra morada
Aquí hemos de vivir por los siglos sin fin,
en el planeta azul con su ciudad dorada

<u>Mi sueño de patria</u>
Una brisa suave soplaba del mar,
pulsando las cuerdas de ramas de pinos
Aves entonaban un dulce cantar

En algún momento, perdí la noción
de tiempo y lugar, porque aquella música
llenó mis sentidos y mi corazón

Música sublime, sinfonía divina
Vino puro de uvas que me alimentó,
y sin embriagarme, me llevó a la cima

En completa paz, descansó mi alma,
y como en un sueño salí a navegar
Llegué a una ribera donde no había mal

Un lugar sin odios, sin enemistades,
sin hipocresías y sin vanidades
No existía la muerte, no había enfermedades

Arboles frondosos, frutas deliciosas
Preciosos jardines de lirios, de rosas,
y otras muchas flores fragantes y hermosas

La brisa a mi faz, hacía caricias
La suave corriente, fresca y cristalina,
saciaba mi alma con agua de vida

Quise allá quedarme, ¿Cómo regresar
al mundo de guerras y de incomprensiones?
¿Cómo regresar al reino del mal?

De pronto, mi sueño quedó interrumpido
Otra vez el tiempo comenzó a correr
De nuevo en la orilla, rodeado de pinos

Mas no había brisa, pulsando las cuerdas
de ramas de pinos, ni aves que cantaran
No sonaba música en la escena muerta

Pero me quedó el dulce recuerdo
de haber saboreado la miel de la patria
de haber visitado el lugar que anhelo

Y reverdeció mi fervor marchito
para predicar que hay eterna vida
en todos aquellos que siguen a Cristo

Prediquemos hoy; allá nos espera
la patria soñada, por Dios prometida,
la dicha infinita, la eterna ribera

Este rincón insignificante
En el infinito espacio, un punto apenas visible,
escenario de tragedias y de crímenes horribles

Imperio de la maldad, de la muerte y del dolor,
donde levantó su trono, del mal el emperador

Pero a este seco desierto, rincón insignificante,
descendió el amor de Dios como lluvia refrescante

Vino a este rincón Jesús, el Creador encarnado
Vino a quitar de esta tierra el imperio del malvado

El fue el cordero de Dios que vino a ser inmolado
Vino a darse en sacrificio para quitar el pecado

Al punto apenas visible, al imperio de maldad,
bajó el Rey del Universo, en harapos de humildad

Y a este seco desierto, rincón insignificante,
descenderá el nuevo Edén con su río refrescante

Y será del Universo el centro de educación,
para estudiar por los siglos el plan de la salvación

Capítulo 11
La urgencia del llamado

Jesús llama con urgencia a cada ser humano a aceptar su llamado de amor para estar siempre listos y velando.

Mateo 25:1-13
[1]Entonces el reino de los cielos será semejante a diez vírgenes que tomando sus lámparas, salieron a recibir al esposo.
[2]Cinco de ellas eran prudentes y cinco insensatas.
[3]Las insensatas, tomando sus lámparas, no tomaron consigo aceite;
[4]mas las prudentes tomaron aceite en sus vasijas, juntamente con sus lámparas.
[5]Y tardándose el esposo, cabecearon todas y se durmieron.
[6]Y a la medianoche se oyó un clamor: !!Aquí viene el esposo; salid a recibirle!
[7]Entonces todas aquellas vírgenes se levantaron, y arreglaron sus lámparas.
[8]Y las insensatas dijeron a las prudentes: Dadnos de vuestro aceite; porque nuestras lámparas se apagan.
[9]Mas las prudentes respondieron diciendo: Para que no nos falte a nosotras y a vosotras, id más bien a los que venden, y comprad para vosotras mismas.
[10]Pero mientras ellas iban a comprar, vino el esposo; y las que estaban preparadas entraron con él a las bodas; y se cerró la puerta.
[11]Después vinieron también las otras vírgenes, diciendo: !!Señor, señor, ábrenos!
[12]Mas él, respondiendo, dijo: De cierto os digo, que no os conozco.
[13]Velad, pues, porque no sabéis el día ni la hora en que el Hijo del Hombre ha de venir.

Joel 2:15-18
[15]Tocad trompeta en Sion, proclamad ayuno, convocad asamblea.
[16]Reunid al pueblo, santificad la reunión, juntad a los ancianos, congregad a los niños y a los que maman, salga de su cámara el novio, y de su tálamo la novia.
[17]Entre la entrada y el altar lloren los sacerdotes ministros de Jehová, y digan: Perdona, oh Jehová, a tu pueblo, y no entregues al oprobio tu heredad, para que las naciones se enseñoreen de ella. ¿Por qué han de decir entre los pueblos: Dónde está su Dios?
[18]Y Jehová, solícito por su tierra, perdonará a su pueblo.

Joel 2:28-32
[28] Y después de esto derramaré mi Espíritu sobre toda carne, y profetizarán vuestros hijos y vuestras hijas; vuestros ancianos soñarán sueños, y vuestros jóvenes verán visiones.
[29] Y también sobre los siervos y sobre las siervas derramaré mi Espíritu en aquellos días.
[30] Y daré prodigios en el cielo y en la tierra, sangre, y fuego, y columnas de humo.
[31] El sol se convertirá en tinieblas, y la luna en sangre, antes que venga el día grande y espantoso de Jehová.
[32] Y todo aquel que invocare el nombre de Jehová será salvo; porque en el monte de Sion y en Jerusalén habrá salvación, como ha dicho Jehová, y entre el remanente al cual él habrá llamado

Romanos 13:11-14
[11] Y esto, conociendo el tiempo, que es ya hora de levantarnos del sueño; porque ahora está más cerca de nosotros nuestra salvación que cuando creímos.
[12] La noche está avanzada, y se acerca el día. Desechemos, pues, las obras de las tinieblas, y vistámonos las armas de la luz.
[13] Andemos como de día, honestamente; no en glotonerías y borracheras, no en lujurias y lascivias, no en contiendas y envidia,
[14] sino vestíos del Señor Jesucristo, y no proveáis para los deseos de la carne.

2 Corintios 6:1-2
1 Así, pues, nosotros, como colaboradores suyos, os exhortamos también a que no recibáis en vano la gracia de Dios.
[2] Porque dice: En tiempo aceptable te he oído, Y en día de salvación te he socorrido. He aquí ahora el tiempo aceptable; he aquí ahora el día de salvación.

Reavivamiento ¡Ahora!
Hoy nos urge comenzar
un crucial reavivamiento,
para, con paso seguro,
avanzar derecho al cielo

Tantas vueltas hemos dado
Tanto tiempo hemos perdido
En cosas superficiales
el áureo tiempo se ha ido

A veces, luchas internas
nos han mantenido presos
en una cárcel de orgullo,
en una celda de celos

¡Oh!, hermanos que esperamos
el regreso del Señor,
es el tiempo de escuchar
su llamado al corazón

Bastüa ya de andar en círculos,
y en cosas superficiales
Basta ya de internas luchas
de intereses mundanales

Caigamos en oración
ante el Dios del Universo,
quien se anonadó a sí mismo,
y se hizo humilde cordero

Vengan, comencemos ya
el crucial reavivamiento,
para avanzar en la ruta
con paso firme y derecho;
y que el Espíritu Santo
descienda cual aguacero;
para que Cristo, muy pronto,
regrese y nos lleve al cielo

¿Después?
Ya casi en la frontera del país celestial;
en las horas finales, a punto ya de entrar;
el enemigo ataca con todo su arsenal

A muchos él engaña con hechos portentosos
La gente es deslumbrada por actos milagrosos,
que los hace creer doctrinas de demonios

A aquellos que no puede deslumbrar con señales,
trata de seducir con señuelos carnales,
para hacerlos caer en sus redes mortales

Otra arma potente es la persecución
Con cárcel y torturas, nos infunde temor,
para que renunciemos de seguir al Señor

Y, siendo que el final ya resulta inminente;
en esta hora usa su arma más potente;
un sedante dulzón que al creyente adormece

Ese sedante es la palabra "después"
Es dejar para luego lo que ahora hay que hacer
Llenarnos del Espíritu lo más urgente es

Hermanos, es ahora, en este mismo instante;
que debemos buscar su presencia constante
Nada hay más urgente, nada más importante

Y decimos "después", con fatal negligencia
mientras que, bien sedadas, duermen nuestras conciencias,
pero Jesús las llama con su toque de alerta

Hermanos, nuestras puertas abramos plenamente
Que el Espíritu Santo, de su poder nos llene
El futuro es incierto, mas aquí está el presente

Ser llenos del Espíritu, lo más urgente es
para testificar, llenos de su poder,
y estar listos ahora. ¡Ahora, no después!

¿Para al fin morir?
Se pasan los años, se arruga la piel;
se emblanquece el pelo, nos ponemos lentos;
nos llegan dolencias que auguran vejez
Como si a los hombres castigara el tiempo

Hasta la memoria quiere jubilarse
Como que le pesa tanta información
Y a veces la vida impone a los viejos
cargas muy pesadas para el corazón

Pero aún así, queremos vivir,
disfrutar caricias de la suave brisa;
oler la fragancia de finos perfumes,
y escuchar la música que alegra la vida

Si sólo vivimos, para al fin morir;
sin promesas ciertas de una eterna vida;
todos los anhelos y sueños hermosos
no habrían sido más que cruel ironía

¿Disfrutar, sufrir, desaparecer?
¿De las leyes físicas sufrir el castigo?
No, Dios es amor; él nos ama a todos;
y en su amor nos dio vida eterna en Cristo

Ya Cristo murió por nuestros pecados,
y resucitó, venciendo a la muerte;
así abrió la puerta de la eternidad,
la ruta de escape de toda la gente

La ruta segura, el camino cierto,
disponible a todos; no hay excepción
A arrepentirnos de nuestros pecados,
nos llama hoy Jesús nuestro Salvador

No sólo vivimos, para al fin morir
Cristo viene a dar inmortalidad,
Hará de nosotros seres inmortales
Con él viviremos por la eternidad

Si tú, todavía, no tienes a Cristo,
hoy toca a tu puerta con toque de amor;
pero sólo tú, le puedes abrir
Te ruego le abras a Cristo el Señor

Un mensaje de Dios
Lector desconocido
que lees estos versos,
es para ti que escribo

porque tengo un mensaje
de Dios, que en mí ha confiado
para que te lo pase

Dios sabe tu problema,
y envía este mensaje
porque quiere ayudarte

Tu problema es el mismo
de todos los humanos
Es un tumor maligno
que se llama pecado

El mensaje que traigo
muestra la solución
a este problema trágico

De este túnel oscuro,
te muestra la salida:
Un nuevo corazón
que te da nueva vida

Gracias a que Jesús
pagó por tus pecados,
el nuevo corazón
es para ti un regalo

Contempla su agonía,
su cuerpo torturado,
su herido corazón;
al perder con su Padre
su estrecha comunión
De esta forma percibes,
por ti, su gran amor

En ese amor bendito,
mantén tu pensamiento
Tu corazón dolido
querrá arrepentimiento

Ahora que ya sientes
por su muerte dolor,
es el momento clave
para una decisión
Decide arrepentirte,
y él te dará al instante
un nuevo corazón

Contemplando a Jesús
con arrepentimiento,

has experimentado
un nuevo nacimiento
Dios acaba de darte
un corazón que es nuevo

Para afianzar tu fe,
crece en tu nueva vida;
contemplando a Jesús
y su amor, cada día

Jesús volverá pronto
a buscar a sus hijos
Con nuevos corazones
llenos de regocijo,
darán su bienvenida
a su Salvador Cristo,
para vivir con él
ya por todos los siglos

Lector desconocido
que lees estos versos,
es para ti que escribo
De ahora en adelante,
eres mi hermano en Cristo

Yérguete, pueblo de Cristo
- "Yérguete", dice Jesús, a su pueblo esperanzado
- "Ya pronto regresaré; tu redención se ha acercado"

Yérguete, pueblo de Cristo, y tu cabeza levanta
Cuando miras hacia el cielo tu esperanza se agiganta

En desastres y tragedias se encuentra el mundo sumido
Jesús comparó estas cosas a de la mar el bramido

Por el bramido del mar, hay temor, hay ansiedad,
desfalleciendo los hombres, llenos de perplejidad

Pero tú, pueblo de Cristo, tienes la hermosa promesa
de que es la hora de erguirte y levantar tu cabeza

Levántate, resplandence, porque ha venido tu luz,
y sobre ti será vista la gloria del Rey Jesús

Resplandece, porque hay muchas tinieblas en derredor,
y hay que alumbrar con la luz que proviene del Señor

Así muchos podrán ver a Cristo, la luz mayor,
y unirse con este pueblo que obedece al Salvador

Ante la necia tibieza, el desánimo, el pecado,
el ocio, el aburrimiento; no sigas arrodillado

Arrodíllate ante Cristo, y ante el mundo te erguirás,
y como faro en la noche, las tinieblas vencerás

La gloria de su carácter, de rodillas, tú recibes;
pero erguido frente al mundo, para su gloria la exhibes

Yérguete, pueblo de Cristo; lo que al mundo da temor
es para ti fiel presagio de que se acerca el Señor

No más tragedias habrá; no más llanto ni tristeza
Yérguete, pueblo de Cristo, y levanta tu cabeza

El arca
Cuando la raza caída de Dios tanto se alejó
que el llamado del Espíritu a volver a El no oyó,
con las aguas del diluvio, el Señor la destruyó,
pero a Noé y a los suyos en el arca preservó

Mientras Noé, con paciencia, construyendo el arca estaba,
del diluvio venidero con convicción alertaba,
y a escuchar la voz de Dios a la humanidad llamaba,
En tanto, la mayoría desafiante, se burlaba

- "Nunca ha llovido", decían los científicos, confiados
- "Noé y su familia son fanáticos trastornados"
Y los oyentes confiaban en los hombres educados
que, con cantos de sirenas, los tenían arrullados

Y fue el arca terminada, y de nuevo predicó
el siervo de Dios -Noé- quien al público invitó;
pero aquel pueblo rebelde nuevamente rechazó,
y al cerrar el corazón, su muerte eterna selló

Cuando Noé, con los suyos, finalmente al arca entró,
la única puerta de entrada el Señor mismo cerró,
pero pasaron los días, y la lluvia no cayó,
por tanto la gente impía muy segura se sintió

Mas pasados siete días, las cataratas del cielo,
desde las nubes, sus aguas derramaron sobre el suelo
Las fuentes del gran abismo ese día rotas fueron,
y las aguas liberadas sobre la tierra subieron

Las aguas, al cubrir todo, a los impíos ahogaron
No consiguieron salvarse porque al Señor rechazaron
cuando sus mensajes santos, con desdén, menospreciaron,
y así al llamado divino sus corazones cerraron

Hoy estamos alertando que ya se aproxima el fin
Ahora estamos sonando de la trompeta el clarín
Hoy estamos predicando que Cristo viene a buscar
a todo aquel que lo deje en su corazón entrar

Muchos científicos hoy, al igual que en el pasado,
piensan que nosotros somos fanáticos trastornados
Enseñan que de una célula hemos evolucionado,
y de millones de años hoy somos el resultado

La venida del Señor es para ellos un mito
Las Santa Escritura es un interesante escrito,
leyendas y tradiciones que en el obscuro pasado
los hombres supersticiosos han creído y propagado

Según ellos, el diluvio no es más que una tradición,
la versión exagerada de una antigua inundación
No existe Dios, por lo tanto, no hay divina intervención
No hay ley de Dios, no hay pecado, y no hay retribución

Esos científicos, hoy, voluntariamente ignoran
lo que Dios ha revelado, y a su falsa ciencia adoran,
y su canto de sirenas a mucha gente adormece
que, durmiendo en la mentira, en el pecado perece

Pero así como el diluvio llegó sin que lo creyeran,
Cristo muy pronto vendrá, aunque muchos no lo esperan,

y es ahora antes que venga, que debemos cooperar
en la construcción del arca, que pronto va a terminar

Cuando Jesús aparezca será demasiado tarde
El viene en llama de fuego, todo en su presencia arde
Así como fue en el arca, una vez ya terminada,
entrará el pueblo de Dios, y el arca será cerrada

El arca es la iglesia pura que sus siervos construimos
con las instrucciones santas que del Señor recibimos
Cuanto más nos acercamos al fin de la construcción,
más los que se quedan fueran construyen su perdición

No esperes a que termine del arca la construcción
No endurezcas con rechazo tu engañoso corazón
Ven, confiesa tus pecados para recibir perdón
Hoy es el día seguro para hacer tu decisión

¿Soñaste que Cristo regresaba?
¿Soñaste alguna vez que Cristo regresaba,
rodeado de sus ángeles como una nube blanca?
¿Escuchaste su voz que a los muertos llamaba?
¿Viste el gozo inefable en su dulce mirada,
mientras llevaba al cielo a su iglesia salvada?
¿Soñaste que Jesús allí te coronaba?
¿Caminaste con él por la ciudad amada?
¿Con gratitud besaste su mano traspasada?

¿O querías esconderte de sus ojos brillantes
y el rostro del Señor con horror evitaste?
¿Recordaste, muy triste, las oportunidades
que te extendió su gracia, mas tú desperdiciaste?
¿Se desangró tu pecho con angustia infinita
por rechazar su sangre que por ti fue vertida?

¿Te impresionó tu sueño?... Es sólo un sueño ahora,
mas de la realidad ya se acerca la hora;
y es ahora que debes abrirle el corazón,
dejar que su presencia te traiga salvación
Acéptalo, te ruego; pronto vendrá el Señor

Capítulo 12
El anhelo por su regreso

Los que aman a Jesús anhelan su regreso

Apocalipsis 22:20
El que da testimonio de estas cosas dice: Ciertamente vengo en breve.
Amén; sí, ven, Señor Jesús.

2 Timoteo 4:7-8
[7] He peleado la buena batalla, he acabado la carrera, he guardado la fe.
[8] Por lo demás, me está guardada la corona de justicia, la cual me dará el Señor, juez justo, en aquel día; y no sólo a mí, sino también a todos los que aman su venida.

Esta sed de eternidad
Esta sed de eternidad,
de beber agua de vida,
no puedo saciarla en fuentes
de mundanales bebidas

Esta sed de eternidad
mantiene a mi alma alerta,
y no la deja arrullarse
con bebidas de quimeras

Esta sed de eternidad
se saciará en aquel día,
cuando en la santa ciudad,
beba del río de vida

Por ahora aquí en la tierra,
la sacio día tras día,
abriendo mi corazón
a Jesús, agua de vida

Ven ya, Jesús, a llevarme
a la ciudad celestial,

donde, por siempre, me sacies
esta sed de eternidad

¿Una vuelta más?
Otra vuelta ya termina
en nuestro viaje espacial
La nave llamada Tierra
otra vuelta ha de iniciar

Muchas cosas pasarán
en la vuelta que hoy comienza
Veremos más adelantos
en tecnología y ciencia

Con armas más destructivas
las naciones se armarán,
pensando que de esa forma
podrán preservar la paz

Habrá tiranos malvados
que a pueblos oprimirán
Pisotearán los derechos
Reprimirán con crueldad

Seguirá azotando a muchos
el cruel flagelo del hambre
y esto enriquecerá
a corruptos gobernantes

Millares de refugiados
cruzarán nuevas fronteras,
con el sueño de escapar
de la guerra y la pobreza

Se matará a criaturas
en nombre del progresismo
Bebés en los cuales late
un tierno corazoncito

Ser virgen hasta la boda
será ridiculizado
Las drogas entramparán
a más jóvenes incautos

Se seguirá haciendo burla
del sagrado matrimonio
Más maridos y mujeres
naufragarán en divorcio

Crecerá el odio racial,
aunque la ley lo prohíba
Habrá crímenes violentos
con desprecio por la vida

Las luchas por el poder
adormecerán conciencias
en el mundo secular,
y ¡qué horror!, hasta en iglesias

Algunos inmolarán
en el altar de la fama
sus valores, sus familias,
y otras cosas muy sagradas

Todo eso y mucho más
habrá en la próxima vuelta
Cuando el año haya acabado,
estará peor la Tierra

Mas, podemos hacer algo
para aliviar tanto horror;
mostrar con palabras y obras
la salvación que da Dios

Que aún si la mayoría
sigue los malos caminos,
hay un camino hacia el cielo
que es el Señor Jesucristo

No hemos de esperar ociosos
que el mundo se autodestruya
Los que sufren, ¡¡Los que abusan!!
necesitan nuestra ayuda

¿Cuántas vueltas más nos quedan
de sufrimiento y dolor?

¿Cuántos años faltarán
para que vuelva el Señor?

No sabemos, pero es claro
que los que somos cristianos,
hemos de alumbrar al mundo
cada día, cada año

Vamos, tomemos las armas
de la fe que nos da Dios
Luchemos esta batalla
motivados por su amor

Y que no sea este año
otra vuelta más al Sol
¡Oh, si este año ocurriera
el regreso del Señor!

Ven a buscarnos, Señor
Nuestro bendito Jesús, oye este humilde clamor
que tu pueblo eleva a ti, diciéndote: ven, Señor,
que anhelamos verte pronto en tu regreso triunfal,
y con gozo inmensurable, darte feliz bienvenida
porque sufriste la muerte para otorgarnos la vida
y nos hiciste moradas en la Patria Celestial

Permite que nuestras vidas sean hermosos sarmientos,
que injertados en tu vid, reciban el crecimiento,
y den abundantes frutos, mostrando al mundo tu luz,
reflejando tu carácter con amor y abnegación,
con humildad y pureza, con santa consagración,
llevando al mundo perdido el mensaje de la cruz

Danos el precioso don de tu Espíritu, Señor
Ungenos con su potencia, arranca nuestro temor
Permítenos a tus hijos unirnos en el deber,
y unánimes y obedientes, postrarnos en oración,
pidiendo que se derrame cual lluvia de bendición,
y las almas se conviertan llamadas por su poder

Limpia, Señor, a tu pueblo, olvida nuestro pasado,
y lávanos con tu sangre, quitando nuestro pecado

Cúbrenos con tu justicia, ampáranos con tu amor
Que sea nuestro placer servirte y obedecerte
Prepáranos más y más para que podamos verte,
y cumpliendo tu promesa, ven a buscarnos, Señor